Luise F. Pusch
Die Eier des Staatsoberhaupts
und andere Glossen

Luise F. Pusch

Die Eier des Staatsoberhaupts

und andere Glossen

WALLSTEIN VERLAG

Bibliografische Information der Deutschen Nationalbibliothek
Die Deutsche Nationalbibliothek verzeichnet diese Publikation
in der Deutschen Nationalbibliografie;
detaillierte bibliografische Daten
sind im Internet über http://dnb.d-nb.de abrufbar.

© Wallstein Verlag, Göttingen 2008
www.wallstein-verlag.de
Vom Verlag gesetzt aus der Stempel Garamond
Umschlaggestaltung: Susanne Gerhards, Düsseldorf,
unter Verwendung einer Abbildung des Keramikkunstwerkes
»Die Bundesadlerin«, © Christine Kramer Panier, Siegburg
(www.christinekramerpanier.de)
Druck: Friedrich Pustet, Regensburg
ISBN 978-3-8353-0280-8

Inhalt

Vorwort

25 Jahre Glossen

Im Frühjahr 1982 veröffentlichte ich meine erste feministisch-linguistische Glosse, »Die Menstruation ist bei jedem ein bißchen anders«, in der Zeitschrift *Courage*. Jeden Monat lieferte ich eine neue Glosse, die das Publikum mit feministischer Sprachkritik unterhalten sollte.

Zwei Jahre später gab es die Zeitschrift leider nicht mehr, und ich suchte eine neue Heimat für meine Glossen. Hin und wieder konnte ich sie in Zeitungen und beim Rundfunk unterbringen. Die Redakteurinnen brauchten viel Mut und Zähigkeit, um meine Texte gegen den Widerstand ihrer Chefs durchzusetzen.

So entstanden in den *Courage*-Jahren 24 Glossen, zwischen 1984 und 1990 22 Glossen, und zwischen 1990 und 1999 ganze zehn, etwa jedes Jahr eine. Gesammelt erschienen sie im Suhrkamp Verlag als Beigabe zu meinen drei Bänden mit »seriösen« feministischen Sprachanalysen.

Ich hielt im ganzen deutschsprachigen Raum Vorträge über feministische Sprachkritik, und da das ein sperriges Thema ist, versuchte ich das Publikum mit meinen Glossen bei Laune zu halten, was auch zuverlässig gelang. Viele gestanden mir, sie kämen überhaupt nur wegen der Glossen, und ich sollte lieber nur noch Glossen schreiben.

Es gab damals außer mir nur wenige, die feministische Themen sowohl wissenschaftlich als auch satirisch aufbereiteten. Deshalb wurde ich von Frauenbeauftragten, die verzweifelt versuchten, ihrer Klientel den Feminismus ohne »Verbissenheit« nahezubringen, immer häufiger als Humoristin und Allzweckfeministin eingeladen.

Seit 2001 betreibe ich ein frauenbiographisches Web-Portal, www.fembio.org. Glossen sollten helfen, Publikum auf die Seite zu locken. Ab Mitte 2006 konnte ich dank neuer Software meine Texte selbst ins Netz stellen. Erst zögernd, bald immer zuversichtlicher kommentierte ich eine Vielfalt von Themen, wie all die anderen BloggerInnen auch.

Es kam das Jahr 2007 – 25 Jahre Glossen! Das mußte doch irgendwie gefeiert werden. Um das Publikum für seine in all den Jahren nicht nachlassende Nachfrage zu belohnen, beschloß ich, im Jubiläumsjahr jede Woche eine neue Glosse ins Netz zu stellen. Es fiel mir erstaunlich leicht. Die Welt ist voller Anlässe für feministische Sprachkritik und Wortschöpfungen, das Thema ist keineswegs ausgereizt, wie ich zunächst befürchtet hatte. Im Gegenteil – dank regelmäßiger Beackerung und lebhafter online-Kommentare entfaltet es sich jetzt in viele Richtungen, bunt und aufregend.

Beruf

Zufallsgrößen

Die meisten Leute, die mir per E-Mail Kommentare zur FemBio-Website schicken, schreiben anerkennend bis begeistert und heben so die Arbeitsfreude beträchtlich. Immer mal wieder aber gibt es auch Kritik, und die kommt bisher nur von Männern. Neulich schrieb mir ein Ernst Adam aus Bremen (Name und Adresse geändert):

> »Guten Tag Frau Pusch!
> Ich möchte Sie hiermit darum bitten, mir Ihren Newsletter nicht mehr zuzuschicken.
> Ich war doch ein wenig erstaunt, in Ihrer Aufstellung bedeutender Frauen solche Gestalten wie Margot Honnecker [*sic*] und Eva Braun zu finden. Schon die Männer dieser Personen sind höchstens aus historischer Sicht interessant, eine weitere Beschäftigung mit der Person an sich scheint mir wenig sinnvoll. Was ist das Besondere an solchen Frauen, die sich bloß, um es einmal sehr drastisch zu sagen, von historisch wichtigen Psychopathen haben besteigen lassen (oder vielleicht auch nicht)? Was sollen sie in einer Datenbank, die sich das löbliche Ziel gesetzt hat, bedeutenden Frauen die ihnen zustehende Aufmerksamkeit zu verschaffen? Es sollte doch darum gehen, daß Frauen wegen ihrer eigenen Leistungen Respekt und Aufmerksamkeit verdienen und nicht als bloße ›Frau von …‹ in Erinnerung bleiben. Oder sehe ich das aus meiner männlichen Perspektive falsch?«

So weit Herr Adam. Da sich der Besserwessi nicht die Mühe gemacht hatte, dem Newsletter-Link nachzuklicken, sich über Margot Honecker zu informieren und dabei herauszufinden, daß »Miss Bildung« nicht nur »Frau von ...«, sondern über ein Vierteljahrhundert Bildungsministerin der DDR war, machte ich mir auch nicht die Mühe, ihm zu antworten. Die Frage war ja wohl auch rein rhetorisch, denn den Newsletter hatte er ja auf alle Fälle schon mal abbestellt.

Aber das Problem, das er anspricht, bewegt wahrscheinlich nicht nur ihn. Auch ich mache mir gelegentlich noch Gedanken darüber, wie die Datenbank »Bedeutende Frauen International« mit Frauen wie Eva Braun verfahren soll. Bisher haben wir ihr, die tatsächlich nur durch ihre Beziehung zu Hitler bekannt wurde, auch noch kein Porträt gewidmet; sie kam nur in einer Quizfrage vor.

Es geht letztlich um die Frage: Welche Bedeutung hat »bedeutend«? Um einige Aspekte dieser komplexen Frage zu erörtern, möchte ich Herrn Adams Schreiben hier öffentlich beantworten:

Guten Tag Herr Adam,

Mit der Frage nach der Bedeutung des Wortes »bedeutend« beschäftigen auch wir uns seit Anfang des FemBio-Projekts. Wird ein Mensch »bedeutend« nur durch eigene und obendrein gute Taten? Oder sind bedeutende Personen solche, die historische Bedeutung erlangt haben, und sei es auch durch Untaten oder durch bloßen Zufall wie das Geschlecht, die Geburt in eine bestimmte Familie, die Stellung in der Geschwisterreihe, die Verwandtschaft oder Verbandelung mit einer historisch wichtigen Person? Und was hat es mit der »exemplarischen Bedeutung« auf sich (eine wichtige feministische Kategorie, unter die viele weibliche Opfer fallen, beispielsweise Johanna die Wahnsinnige oder Anna Göldin, die letzte in Europa als »Hexe« verbrannte Frau)? Kurz gesagt: Sollen die FemBio-Datenbank und die FemBio-Website nur »Frauenlob« verbreiten, oder sollen sie historische Auskünfte erteilen?

Bei berühmten Männern – seien sie nun »bedeutend« im positiven Sinn, »historisch wichtig« durch Zufall oder berüchtigt (letztere nennen Sie Psychopathen) – scheint sich diese Frage so nicht zu stellen. Denn beim Mann verwischen sich diese Kategorien, weil ihm traditionell die »wichtigen« Aufgaben im Vordergrund zufallen, an denen er u. U. auch wachsen kann, während die Frau in den Hintergrund und »in die Bedeutungslosigkeit« verbannt wird. Es bedarf feministischer Anstrengungen, um die verzerrten Perspektiven wieder zu entzerren. Dabei zeigt sich dann, daß viele »bedeutende« Männer herzlich unbedeutend und viele »unbedeutende« Frauen die eigentlich bedeutenden waren.

Feministische Geschichtsarbeit erschöpft sich nicht darin, die Frau auf Normalmaß hochzuloben (Sie sprechen von dem »löblichen Ziel, bedeutenden Frauen die ihnen zustehende Aufmerksamkeit zu verschaffen«). Ebenso wichtig ist es, den Mann auf Normalmaß gesundzuschrumpfen. Anbei ein Beispiel dieses vergnüglichen Denksports, zur Nachahmung empfohlen:

Sie fragen: »Was ist das Besondere an solchen Frauen, die sich bloß, um es einmal sehr drastisch zu sagen, von historisch wichtigen Psychopathen haben besteigen lassen (oder vielleicht auch nicht)?«

Ihre drastischen Ungalantheiten will ich als Dame von Welt mal überhört haben und erlaube mir eine Gegenfrage: Was ist das Besondere an Männern wie etwa den deutschen Kaisern Wilhelm I. und Wilhelm II., außer daß sie zufällig Mitglied des Herrscherhauses, zufällig

Erste in der Erbfolge und zufällig männlichen Geschlechts waren? Solche Art von Männern bestimmten die Geschicke Europas (trotz der Französischen Revolution) bis 1918 – egal, ob sie für ihr zufällig ererbtes Amt irgendwelche Qualifikationen besaßen. Meistens besaßen sie bekanntlich keine. Die wenigen Blütezeiten der europäischen Geschichte waren interessanterweise genau diejenigen, da eine Frau an der Spitze des Landes stand: Königin Isabella die Katholische von Spanien, Königin Elizabeth I. von England, Kaiserin Maria Theresia von Österreich, Katharina die Große von Rußland.

Sie schreiben: »Es sollte doch darum gehen, daß Frauen wegen ihrer eigenen Leistungen Respekt und Aufmerksamkeit verdienen und nicht als bloße ›Frau von …‹ in Erinnerung bleiben.« Wenn wir dies Kriterium auch für bloße männliche Erstgeburten gelten ließen, könnten wir gut die Hälfte der Männer aus den Lexika streichen. Ich hätte ja nichts dagegen, aber ich bin sicher, das Publikum wäre befremdet bis verärgert.

Und deshalb, aus Gründen der Gleichberechtigung, verfahren wir weiter nach folgendem Grundsatz: Auch wenn eine Person nicht durch eigene Leistung, sondern nur durch ihre historische Stellung, sei es als »bloße männliche Erstgeburt« (Wilhelm II. und seinesgleichen) oder als »bloße Frau von« (Eva Braun) bekannt wurde, sollte sie in einem Lexikon nicht fehlen.

Mit feministischen Grüßen
Luise F. Pusch (bloße weibliche Zweitgeburt)

August 2002

Ärztinhelfer und Garderobenmann

Am vergangenen Freitag lag ich aufgesperrten Mundes auf dem Zahnarztstuhl, die Zahnärztin hatte das Zimmer verlassen, hinter mir hantierte die Zahnarzthelferin, das Radio spielte sanfte Country-Musik, gelegentlich unterbrochen von Wortbeiträgen. Ich döste vor mich hin, wurde aber – naturgemäß – sofort hellwach, als der Moderator folgendes von sich gab: »Warum gibt es eigentlich keine Arzthelfer?«

Seine Interviewpartnerin widerspach ihm lebhaft: »Doch, es gibt sie schon, aber nur ganz wenige, da haben Sie recht.« Der Moderator beharrte: »Und warum gibt es nur so wenige? Was meinen Sie?« Die Angesprochene lachte und meinte nur: »Ja anscheinend ist das traditionell ein reiner Frauenberuf.«

Von dieser tiefschürfenden Analyse mußte die Feministin auf dem Zahnarztstuhl sich erst mal erholen.

Zahnarztstuhl? Wo die Frau Doktor (Doktorin?) doch eine Zahnärztin ist? Zahnarzthelferin?? Ach lassen wir das, frau kann sich nicht um alles kümmern, vor allem nicht betäubt und hingestreckt auf dem Zahnärztinnenstuhl. Die Zahnärztinhelferin hatte wohl gar nicht hingehört und arbeitete weiter an ihren Abdrücken.

»Warum gibt es eigentlich keine Ärztinhelfer?« Das hatte der Moderator nicht gefragt. Während die Zahnärztin und ihre Helferin sich peinvoll mit meinen Zähnen abmühten, sann ich darüber nach und kam nur auf die alten Erklärungen: Schon in der Bibel wird verkündet, daß Gott die Frau erschuf, weil der Mann eine Gehülfin brauchte. So kam also mit Eva nicht nur die Sünde auf die Welt, sondern auch die Arzthelferin und alle anderen Männer-Helferinnen.

Alleine kommt Adam eben nicht zurecht. Er braucht Beistand. Das Wort im Alten Testament, das Luther mit

»Gehülfin« übersetzte, ist »ezer«. Es bedeutet »Hilfe, Beistand von oben«, wie in »göttlicher Beistand«. Da diese Tatsache sich bisher noch kaum herumgesprochen hat, konnte sie auch nicht stilbildend wirken.

»Traditionelle Frauenberufe« orientieren sich – an einem Übersetzungsfehler Luthers.

Wieder wurde ich eine Weile allein gelassen, doch plötzlich huschte ein junger Mann herein. Doch nicht etwa ein Ärztinhelfer? Vielleicht der neue Arzt in der Gemeinschaftspraxis? Zunächst fragte er mich freundlich, ob er das Radio abstellen sollte. Ach lassen Sie nur, winkte ich ab. Dann teilte er mit, er nähme jetzt mal diesen Stuhl mit. So was tut doch ein Arzt nicht – der schleppt keine Stühle rein und raus, und vor allem legt er einer Patientin keine Rechenschaft über sein Tun ab.

Ich war verwirrt über diese Erscheinung aus einer anderen Welt, aber die verwirrenden Signale gaben mir nun doch einen neuen Gedanken ein zu der uralten Problematik des Mannes und seiner Helferin.

Warum es soviel mehr Zahnärztinnen als Ärztinhelfer gibt? Eine Frau kann schon mal in männliche Ränge aufsteigen und zum Beispiel Zahnärztin werden, aber der Abstieg des Mannes in den zweiten Rang geht nicht so einfach. Und warum nicht? Damit wir immer gleich Bescheid wissen: Der Mann in Weiß – das kann nur der Arzt sein, denn Arzthelfer gibt es nicht. Demütigende oder erheiternde Verwechslungen bleiben dem Mann in der Regel erspart.

Carola Stern erzählte gern folgende Anekdote über ihre Erlebnisse mit Fernsehjournalisten: Die Männer gingen zielstrebig in den Konferenzraum, nachdem sie ihr – in der Meinung, sie sei die Garderobenfrau – ihre Mäntel überreicht hatten.

April 2007

Familie

Die Eier des Staatsoberhaupts

Im Mai 2001 brachte Jane Swift, 35, die amtierende Gouverneurin (*acting Governor*) von Massachusetts, zwei gesunde Mädchen zur Welt, Lauren und Sarah. (Das Amt der Gouverneurin entspricht unserem Amt der Ministerpräsidentin eines Bundeslandes). Schon im Vorfeld hatte es ein Riesentheater gegeben: Swift hatte sich erkühnt, weiterregieren zu wollen – zur Not vom Kreißsaal aus, wie die Oppositionspartei der DemokratInnen unterstellte. Die hatten aus der »unerhörten«, nie dagewesenen Situation politisches Kapital schlagen wollen und heftig gemotzt, weil die werdende Mutter partout am Ruder bleiben wollte, statt ihren Posten für einen Demokraten zu räumen. Endlich – so um den Muttertag herum – kam von oben die Verfügung, das Gemotze sei einzustellen, weil politisch plump und parteischädigend.

Alles ging gut aus, Mutter und Kinder sind gesund, und auch der Staat Massachusetts ist nicht zusammengebrochen. Jane Swift machte Geschichte als erste während ihrer Amtszeit gebärende *Governor*, und die nächste schwangere Gouverneurin eines amerikanischen Bundesstaats wird es wohl leichter haben.

Alles frauenpolitisch von großer Tragweite. Mir geht es aber auch um einen bisher völlig übersehenen Nebenaspekt der ganzen Geschichte. Jane Swifts Mädchen sind »zweieiige« Zwillinge – in kruder Deutlichkeit wird im Deutschen an unseren Ursprung aus dem Ei erinnert und die Mutter als Eierbehälter hingestellt. Frau denke auch an das Wort »Eierstöcke« (wieviel entrückter, unbestimmter klingt »ovaries«). Kurz, der sprachliche Umgang mit Zwillingsmutter und -kind ist im deutschsprachigen Raum ungalant bis in die Eier.

Nicht so im Englischen – so scheint es auf den ersten Blick. Keine Rede von Eiern. Eineiige Zwillinge sind »identische Zwillinge« (*identical twins*). Zweieiige Zwillinge (was für eine Zungenbrecherin!) sind – haltet euch fest, ihr Frauen: »brüderliche Zwillinge« (*fraternal twins*). Ich wollte es zuerst nicht glauben – alles redete immerfort fröhlich von Jane Swifts »brüderlichen« Zwillingen Lauren und Sarah, und niemand wunderte sich auch nur darüber, nirgends fand ich einen sprachkritischen Kommentar dazu. Erst wenn die brüderlichen Zwillingsschwestern auf die Universität kommen, werden sie sprachlich wieder umsortiert: In den »Fraternities« (Bruderschaften) haben sie nichts verloren – diese Saufgemeinschaften sind jungen Männern vorbehalten. Lauren und Sarah kommen in wohlerzogene »Sororities« (Schwesterschaften).

Inzwischen schlachten die Medien das heiße Thema Swift weiter aus. Nachdem sie die Vereinbarkeit von Regieren und Gebären unter Beweis gestellt hat, ist jetzt das Stillen dran. Kann man, pardon: frau, ordentlich regieren und zugleich ein Kind, pardon: zwei Kinder, stillen?? In der Talkshow »Politically incorrect« beruhigte der Moderator am 21. Mai 2001 die aufgewühlte Nation mit dem Hinweis, daß schon andere Staatsoberhäupter zum Regieren imstande gewesen seien, auch wenn an ihnen herumgenuckelt wurde, als erster fiele ihm da Clinton ein …

Juni 2001

Schuld und Söhne

»Unsere Söhne sind arm dran« – so beginnt Uwe Wittstock in der *Welt* vom 21. April eine weitere Strophe des seit dem PISA-Schock immer länger und lauter werdenden Klagelieds über unsere benachteiligten Knaben. Der Schock wäre uns erspart geblieben, hätte man nur die Mädchen getestet, die spitzenmäßig abschnitten.

Schon im Oktober 2002 verarbeitete Jochen Bölsche im *Spiegel* diese Kränkung des männlichen Egos mit einem Tadel an die Frauen: Sie seien schuld, ganz besonders die Feministinnen. Sie hätten aus unseren Vor- und Grundschulen jungenfeindliche Biotope gemacht. Und nun Wittstock: »Das Erziehungssystem fördert immer noch stärker Mädchen, obwohl die Probleme der Jungen viel größer sind.«

Die »Probleme« der Jungen schildert Wittstock eingangs anschaulich mit einer Erzählung über seinen Sohn: Er kann noch kaum laufen, aber ist bereits bestens imstande, ein Mädchen zu drangsalieren.

Erst stößt er sie um, dann wirft er ihr Sand ins Gesicht, und zum Schluß haut er ihr mit der Schaufel eins auf die Nase.

Der arme Junge.

Wenn dies jungentypisches Verhalten ist (und daran zweifelt Wittstock nicht), dann haben nach meiner bescheidenen weiblichen Auffassung die Mädchen größere Probleme als die Jungen.

Sie sind in jeder Hinsicht besser als die Jungen, in ihren schulischen Leistungen, in ihrem sozialen und kommunikativen Verhalten, aber sämtliche Spitzenpositionen in unserem Land und sonst in der Welt sind besetzt von Männern. Kein Wunder, daß die Welt Probleme hat. Die Autorin einer preisgekrönten Studie über das unerträglich rüpelhafte Verhalten der Jungs in der

Schule formulierte es privat so: Die Analphabeten sind an der Macht.

Tatsächlich wäre es zu begrüßen, wenn in den Schulen mehr Männer sich der schweißtreibenden Aufgabe der Zivilisierung des männlichen Nachwuchses unterziehen würden. Auch bei der undankbaren Familien-, Haus- und Erziehungsarbeit wären sie uns sehr willkommen, sie können daraus gern weniger »jungenfeindliche Biotope« machen. Aber sie finden halt die ihnen qua Geschlecht zustehenden Spitzenpositionen, jene bekannten frauenfeindlichen Biotope, viel attraktiver.

April 2004

Ein Kind ist ein Junge, es sei denn ...

Bachmannpreis-Wettlesen, erster Tag. Startnummer 3 hat Silvio Huonder aus der Schweiz gezogen. Er liest eine Geschichte über eine ungeplante Schwangerschaft, aus der sich eine etwas gleichgültig hingenommene Geburt entwickelt. Mutter und Vater kannten sich bei der Zeugung gerade mal ein Stündchen, bei der Geburt kennen sie sich nicht viel besser, und wir, das Publikum, kennen sie auch kaum. Das Geschlecht des Kindes – was doch die meisten immer als erstes über so ein Neugeborenes wissen wollen – verrät der Autor auch nicht.

Die Jury ist nicht sehr begeistert, insgesamt so unentschlossen wie das Elternpaar bei der Produktion des Kindes. Zwei Frauen lehnen den Text ab (März und Rakusa), zwei finden ihn ok (Strigl und Radisch). Zwei Männer mögen den Text gar nicht (Nüchtern und Spinnen), drei finden ihn ganz gut (Detering, Ebel und Corino).

Alles nicht so berichtenswert, bis auf dies: Obwohl das Geschlecht des Kindes, wie gesagt, nicht verraten wurde, haben Burkhard Spinnen und Daniela Strigl es doch irgendwie vernommen. Jedenfalls sagt Spinnen, der Vater habe »Na mein Kleiner« zu dem Baby gesagt, und Strigl meint, er habe sich nett um »seinen Sohn« gekümmert.

Woher sie das Geschlecht wissen? Es gibt da ein Gesetz in der deutschen Herrenkultur und Männersprache. Es besagt: Ein Mensch ist männlich, es sei denn, das Gegenteil wird bekanntgegeben.

Juni 2006

Die Männer der Brentanos

Im März erschien das Buch *Die Frauen der Brentanos*, von Armin Strohmeyr. Es wurde sehr positiv im Radio besprochen.

Als Cover Girl dient die bekannteste Brentano: Das frühreife Kind Bettine im Alter von etwa elf Jahren – also weder eine Frau noch eine »richtige« Brentano, denn bekannter ist sie allemal unter ihrem Ehe- und Verfasserinnen-Namen Bettina von Arnim, den sie fast fünfzig Jahre lang trug.

Bettine ist inzwischen sicher berühmter als der andere ziemlich berühmte Brentano: ihr Bruder Clemens. Sein Porträt erschien nie auf einem Geldschein, kein Intercity-Zug wurde nach ihm benannt. Bettine hingegen kam nicht nur zu Intercity- und Briefmarken-Ehren, ihr Kinderbild zierte auch lange den Fünfmarkschein. Bettine ist, neben Clara und Annette, *die* Alibifrau der deutschen Kulturgeschichte und wird immer wieder gebraucht, wenn unsere Herrenkultur beweisen möchte, daß hier keineswegs beständig die Frauen übergangen werden.

Vor 13 Jahren kaufte ich mir ein Buch mit dem Titel: *Die Brentanos: Eine deutsche Familiengeschichte*, von Klaus Günzel. Nein, ich ließ es mir zu Weihnachten schenken, denn es war ein teures, opulent ausgestattetes sogenanntes *coffeetable book*. Das kostbare Werk verstaubt in meinem Regal, denn es enthielt nur wenige von den Informationen, die ich darin suchte – Informationen über die Frauen der Familie Brentano: Maximiliane, Gunda, Sophie, Ludovika und wie sie alle hießen. Und das, obwohl, wie oben ausgeführt, das berühmteste Mitglied der Familie Brentano eine Frau ist.

Der Prachtband war eine Mogelpackung und hätte korrekterweise heißen müssen: Die Männer der Brentanos. Dann wäre ich auch nicht für teures Geld darauf reingefallen.

Daß in *Die Brentanos* die bessere Hälfte der Familie kaum vorkam, blieb weithin unbemerkt. Die Frauen wurden gar nicht vermißt. Denn wir sind es nicht anders gewohnt, als daß mit »die Brentanos« oder »die Bismarcks«, »die Bachs« oder »die Wagners« genau wie mit »die Deutschen« meist nur die männliche Hälfte gemeint ist. Wir merken es erst, wenn Phantasietitel wie »Die Männer der Brentanos« unsere Denkgewohnheiten irritieren und uns darauf stoßen, daß wir *solche* Titel nicht kennen. Sie klingen irgendwie absurd. Genauso absurd wie folgender Satz:

»Die Deutschen sind tüchtige Hausfrauen.«

Da fehlt doch irgendwie die Hälfte, denken wir, wenn wir das hören. Keine Sorge, wir hören solche Sätze nie, ich erfinde sie hier nur zur Demonstration. Wohlvertraut sind uns hingegen Formulierungen wie:

»Die Deutschen sind tüchtige Soldaten.«

Hier finden wir gemeinhin nicht, daß die Hälfte fehlt.

Die Geschichte der weiblichen Hälfte, die in *Die Brentanos* ausgespart wurde, wird nachgetragen in *Die Frauen der Brentanos*. So oder so: *Die* Brentanos – alles Männer, alles Clone anscheinend. Nur bei *Die Sopranos* sind wir nicht so sicher, ob da nicht doch etliche Frauen rumlaufen. Aber das ist eine ganz andere Kultur.

Nun werden manche fragen: Ja wie hätte denn das neue Buch heißen sollen?

Die Brentanos natürlich. Meinetwegen auch *Bettine und die anderen Brentanos*. Das Gezeter darüber, daß dabei die männliche Hälfte einfach übergangen wurde, hätte ich gerne hören mögen.

Juli 2006

Jeder, der selbst ein Kind bekommen hat

Eine Freundin schickte mir gestern einen Ausschnitt aus der Zeitschrift *ZM – Zahnärztliche Mitteilungen*, Nr. 12. vom 16.6.06. Auf Seite 72 steht eine Rezension des Buches *Leben* von Lennart Nilsson. Ein wahrhaft bescheidener Titel. Das Cover zeigt zwei Menschen, aufgenommen mit einer Wärmekamera. Ein Vater mit seinem Kinde? Ein Kinderschänder mit seinem Opfer? Ein Mann mit seiner Frau? Jedenfalls braucht es anscheinend einen gewaltigen Größenunterschied, damit ›Leben‹ entsteht.

Die Rezension beginnt mit dem putzigen Satz: »Jeder, der

in den letzten 50 Jahren selbst ein Kind bekommen hat oder in dessen unmittelbarem Umfeld ein Baby geboren wurde, kennt das Wunderwerk, das der schwedische Fotograf Lennart Nilsson mit seiner Kamera geschaffen hat.« – Das erinnert mich sehr an meine uralte Glosse »Die Menstruation ist bei jedem ein bißchen anders«. Damals versuchte sich die Firma o.b. damit rauszureden, daß mit dem »jedem« auf ihren Faltblättchen vielleicht Mädchen gemeint sein könnten.

Diese ulkige Ausrede funktioniert im Falle der *Zahnärztlichen Mitteilungen* wohl nicht. Nun ist ja die Geburtshilfe für die Zahnmedizin auch etwas fachfremd, aber es sollte sich doch auch bei Zahnmedizinern herumgesprochen haben, daß Männer noch immer keine Kinder bekommen können.

»Wunderwerke« werden weniger von Lennart Nilsson als vielmehr von Mutter Natur mit neunmonatiger Hilfe der Frau geschaffen, weshalb es medizinisch korrekt heißen sollte: »Jede, die in den letzten Jahren selbst ein Kind bekommen hat« undsoweiter. Sollen die, »in deren unmittelbarem Umfeld ein Baby geboren wurde«, mit ins Boot genommen werden, behilft sich der geschickte Texter mit »alle, die«.

Ich las dann den Artikel zu Ende – und siehe da, es handelte sich um ein voll aufgeblasenes Exemplar der Gattung »Heldensage«, mit der wir ständig beglückt werden (mehr dazu bei »Glenn Gould als Jesus Christ Superstar«, S. 109-112).

– »Alles hat Nilsson in atemberaubender Weise festgehalten«
– »einer der weltweit führenden Naturwissenschaftler schreibt in seinem Nachwort«
– »Nilsson hat mit diesem Prachtband sein Opus Magnum geschaffen«
– »unermüdlich und leidenschaftlich weiter forschend«

- »Aufnahmen, die allein schon für sich gesehen ein Kunstwerk darstellen würden«
- »Aufnahmen wie sie bislang nie dagewesen sind«
- »Nilsson arbeitet mit dem leistungsfähigsten Raster-elektronenmikroskop der Welt, das die Objekte mehr als hunderttausendfach vergrößert und gestochen scharf wiedergibt«
- »Anfärbetechniken machen seine Mikroaufnahmen zum gigantischen, graphischen Schauobjekt«.

Wahrhaft gigantisch. Lennart Nilsson mag ja ok sein. Aber sein ähnlich bejubeltes Buch *Ein Kind entsteht* lieferte 1965 jene Bilder von (übrigens toten) Embryos, die am Daumen lutschen, mit denen Abtreibungsgegner seit Jahrzehnten Frauen einschüchtern. Die Hymne schließt mit den Worten: »Das Buch sollte in keinem Bücherschrank eines Mediziners fehlen.«

Na meinetwegen. Die Medizinerin hingegen verzichtet gern darauf. Sie hat wahrscheinlich gar nicht bis zum Ende gelesen. Schon beim ersten Satz stutzte sie und hat bei sich gedacht: »Die spinnen wohl!«

September 2006

Kinderfreunde

Nach meiner Lesung zum 8. März in Linz erzählte mir eine Zuhörerin, sie arbeite bei der Organisation der »Kinderfreunde«. Schon oft hätte sie sich über diesen männlichen Begriff beschwert, aber sie würde dafür nur ausgelacht.

Der Vorstand der österreichischen ›Kinderfreunde‹ ist zwar überwiegend männlich: 17 Männer und 10 Frauen;

auch unter den »herausragenden Persönlichkeiten« ihrer Geschichte werden neben zehn Männern nur zwei Frauen genannt (Frauen hatten vermutlich nicht so viel Zeit für den Kinderfreunde-Verein wie die Familienväter, weil sie sich um die eigene Kinderschar kümmern mußten). Trotzdem würde dem Verein das Femininum gut stehen, es wäre eine überfällige Maßnahme zur Imagepflege.

Denn bei »Kinderfreunde« denken wir heutzutage doch sofort an Kinderpornographie. Bei »Kinderfreundinnen« hingegen käme niemand auf böse Gedanken. Schon vor Jahrzehnten wurde in Deutschland das Fußgänger-Schild durch ein Fußgängerinnen-Schild ersetzt: Es zeigt neben dem Kind nicht mehr einen fragwürdigen »guten Onkel«, sondern eine Frau. Sonst würde ja jedes Kind bedenkenlos mit jedem Onkel mitgehen, wie es das Schild nahelegt! Viel zu gefährlich, fanden die einsichtigen Beamten – und kreierten lange vor jeder »feministischen Männerhetze« das einzige deutsche Verkehrsschild, auf dem eine Frau zu sehen ist. Auf allen übrigen deutschen Verkehrsschildern wird der Begriff ›Mensch‹ wie üblich durch Mannsbilder veranschaulicht. In dieser Hinsicht ist uns ja nun wieder Wien einen riesigen Schritt voraus. In einer Kampagne »Wien sieht's anders« zeigte die Hälfte der Wiener Schilder und Piktogramme im öffentlichen Raum und in Amtsgebäuden – leider nur vorübergehend – »rollenverkehrte« Bilder von Frauen bei der Arbeit im Straßenbau, Männern beim Wickeln ihres Kindes usw.

Ich vertiefte mich dann noch ein wenig in die Geschichte der »Kinderfreunde«. Mir wurde bald klar, weshalb sie ihre »weiblichen Anteile« so heroisch verdrängen. Der Abwehrmechanismus hat Tradition. Bei den Kinderfreunden scheint es Usus, nur die Männer wahrzunehmen. Da ist z. B. dieses schöne alte Bild von 1919 mit den vielen Erzieherinnen:

Was teilen uns die Kinderfreunde dazu mit?

1919 wird die Erzieherschule im Schloss Schönbrunn gegründet. Gruppenaufnahme des ersten Jahrganges. Vorne Mitte: Otto Felix Kanitz, neben ihm: Josef (Pepperl) Böhmer, ganz rechts: Lilly Jergitsch (deren Eltern mit Anton Afritsch befreundet waren und zu den ersten Mitgliedern des »Arbeitervereins Kinderfreunde« gehörten. In der letzten Reihe: Josef Blaszovsky).

Der nächste Bildkommentar ist nicht besser: Lauter edle Frauen, alle nicht der Rede wert, aber ein Herr Kanitz ›mit dem kleinen Till‹ wird hervorgehoben:

Erzieherschule im Schloss Schönbrunn. Gruppenaufnahme des zweiten Jahrganges. Vorne sitzend: Otto Felix Kanitz (mit dem kleinen Till Tesarek). (Vgl. www.kinderfreunde.at/index.php?action=Lesen&Article_ID=2250.)

Das systematische Übergehen der Frauen mag uns überholt erscheinen, es ist aber durchaus typisch für all die wohlthätigen männergeleiteten Organisationen, von der katholischen Kirche bis zu den sozialistischen Kinderfreunden, die ohne die unbesungene Arbeit der Frauen »an der Basis« sofort dichtmachen müßten.

Nächstes Jahr feiern die Kinderfreunde ihr hundertjähriges Bestehen. Höchste Zeit für die Frauen, geschlossen auszutreten und sich als »Kinderfreundinnen« selbständig zu machen. Die Männer hätten dann nichts mehr zu verwalten, aber sie dürften bei sittlicher Eignung gerne mitmachen und nach entsprechendem Training schöne Bilder mit »echten Erziehern« für die Nachwelt liefern.

März 2007

Zeugungsmaschinen – Gedanken zum Muttertag

Im Februar erregte der katholische Augsburger Bischof Mixa öffentliches Ärgernis mit seiner Behauptung, die geplanten Kinderkrippen degradierten deutsche Frauen zu Gebärmaschinen. Die Frau werde dazu angehalten, das Kind zu werfen, in der Kinderkrippe abzuladen und wieder ins Büro oder ans Fließband zu eilen, statt sich ihren Mutterpflichten freudig hinzugeben. Bloßes Gebären ohne anschließendes jahrelanges Babysitting reduziere die Frau zur Gebärmaschine.

Die öffentliche Empörung war groß. Der Bischof hatte die deutsche Frau beleidigt, besonders die berufstätige Mutter. Flugs wurde den Empörten entgegengehalten, das böse Wort *Gebärmaschine* habe gar nicht der Bischof geprägt, sondern die Feministinnen. Sieht ihnen ähnlich.

»Gebärmaschinen«, so die Feministinnen in den 70er Jahren im Zuge der frisch entflammten Debatte um Zwangerschaft und Abtreibung, waren schon jene Frauen, denen der Führer das Mutterkreuz an die Brust heftete, wenn sie ihm mindestens vier Kinder, am liebsten natürlich Söhne für seine geplanten Kriege, »geschenkt hatten«. Ab sechs Kindern gab es das Kreuz in Silber, ab acht in Gold. Hitlers Mutterkreuz nannten wir Feministinnen auch wohl »Gebärprämie«. – Ähnlich wie Hitler hatte 130 Jahre vor ihm schon Napoleon den Nachschub an männlichem Kanonenfutter anzukurbeln versucht. Und auch er hatte die Frauen, die sich grade mal wieder von der Kinderplackerei emanzipieren wollten, mit subtilen und mit drastischen Mitteln dazu angehalten, sich persönlich um die Kinder zu kümmern, statt sie aufs Land zu einer Amme zu geben, was zu erhöhter Kindersterblichkeit und damit zu weniger Soldaten führte. Daß es ihm um Soldaten ging, beweist die Tatsache, daß Napoleon nur die Geburt von Söhnen prämiierte. Alles schön nachzulesen in Elisabeth Badinters Klassikerin *Die Mutterliebe* aus dem Jahre 1980.

Wie sinnig und stimmig, daß Bischof Mixa auch Militärbischof ist. – Egal woher er das Wort »Gebärmaschine« genommen hat – zum aktuellen Anlaß der Brasilienreise seines Chefs wollen wir die Logik des Bischofs noch mal untersuchen. Nach Mixas Auffassung ist also fast jeder deutsche Vater eine Zeugungsmaschine, weil er sich nicht persönlich um seine Kinder kümmert, sondern genau wie die »Gebärmaschine« statt dessen ins Büro strebt, natürlich eher in die oberen Etagen.

Da ein Mann viel mehr Kinder zeugen kann, als eine Frau Kinder gebären kann, ist er eine viel bessere Maschine als die Frau. Deshalb werden ja traditionell die

Männer in den Krieg geschickt, weil die Gesellschaft ihren Verlust bevölkerungspolitisch besser verkraften kann: Es genügen einige wenige von ihnen, um ganze Armeen (sozusagen) von Kindern zu zeugen. Und die katholische Kirche zwingt die Männer noch dazu, weil sie den Gebrauch von Kondomen verbietet.

Schon merkwürdig, daß der Bischof die Zeugungsmaschinen in seinem Maschinenpark so komplett ignorierte. Eine erboste Frauenbeauftragte erzählte mir kurz nach den Auslassungen Mixas mit sichtlichem Stolz, sie habe gehört, wie ihre kleine Tochter einen Spielkameraden mit »du alter Mixer« beschimpfte – vermutlich habe ihre Kleine da einen Buchstaben verwechselt.

Muttertag 2007

Film und Fernsehen

Die schönsten Jahre

Kürzlich sahen wir den TV-Film *Die schönsten Jahre* von Gabi Kubach nach einer Erzählung von Elke Heidenreich, mit Doris Schade und Ulrike Kriener in den Hauptrollen. Obwohl gleichzeitig bei *arte* die Doku *Paragraph 175* von Rob Epstein und Jeffrey Friedman über Schwule und Lesben im KZ lief, hatten wir uns für den Frauenfilm entschieden, weil uns gerade nicht nach schwerer tragischer Kost zumute war und wir dachten, die Doku wird ja sowieso bald im Nachmittagsprogramm wiederholt, wie es bei *arte* üblich ist.

Die *Hörzu* hatte *Die schönsten Jahre* angekündigt als Film über »eine Mutter-Tochter-Beziehung«. Da ältere und gar alte Frauen im TV selten zu sehen sind und wir Doris Schade und Ulrike Kriener großartig finden, war uns die Wahl nicht schwergefallen.

Der Film handelte aber überraschenderweise nicht nur von der Mutter-Tochter-Beziehung, sondern auch von Liebesbeziehungen zwischen gleich zwei Frauenpaaren, nämlich Tochter Nina und ihrer Geliebten Flora (wunderbar: Julia Bremermann) und der Mutter Eva und ihrer großen Liebe Klara, mit der sie, als der Gatte im Krieg war, ebenjene »schönsten Jahre« verlebt hatte. Und: Die Lesben traten nicht nur auf, sondern sie waren auch überzeugend konzipiert, durften intelligent reden und sympathisch agieren und wurden überdies glänzend gespielt.

Wir freuten uns über diese unverhoffte »Zugabe«, wunderten uns aber, daß uns die *Hörzu* von diesem lesbischen Teil der Handlung so gar nichts hatte verraten wollen, obwohl die Story ihm sogar den Titel verdankt. Wie viele der vom deutschen TV ohnehin bös vernachlässigten Lesben hätten sich gerne eingeschaltet, wenn sie das bloß gewußt hätten! Aber vielleicht verzichten die TV-Bosse lieber auf diese Klientel, als daß sie die Hetero-Mehrheit vergraulen.

Als ich dann im Internet weiter über den Film nachlas, fand ich folgende Stellungnahme von Elke Heidenreich: »*Die schönsten Jahre* ist kein Lesbenfilm. Nina und Flora tun sich gut, sie toben nicht durch die Betten. Der Film tobt durch die Seelen.«

Na das erklärt ja schon mal vieles. Es ist kein Lesbenfilm, »weil die beiden Frauen nicht durch die Betten toben«. Wurde irgendein *Tatort*-Krimi (in denen die Heteropaare in aller Regel spätesten nach 3 Minuten ausführlich im nackten Clinch zu sehen sind), uns schon mal als »Hetero-Film« angekündigt?

»Ja, wir machen viel durch!« seufzen wir jedesmal, wenn wir diese obligatorische Tobsucht durchstehen müssen.

Ich hatte vergessen, den *Paragraph 175*-Film auf *arte* zu programmieren, und leider wurde er diesmal nicht wiederholt. Das wird wohl an seinem Inhalt gelegen haben – für *diese* Lesben und Schwulen waren es eben nicht »die schönsten Jahre«, und man kann dem Volk das unschöne Thema, wenn es schon nicht verleugnet werden kann, höchstens einmal zumuten.

Die Nazis fackelten nicht lange mit den Lesben und Schwulen. Heute sind die Techniken der Auslöschung subtiler.

Mai 2006

Frauenbewegung

Ist die Frauenbewegung tot?

Manchmal fragen Zeitschriften bei mir an, ob ich einen Artikel zum Thema Frauensprache liefern könnte. »Schon möglich«, pflege ich zu sagen, »und was hatten Sie sich da in etwa so gedacht?« »Vielleicht folgendes«, kam neulich die muntere Antwort, »›Ist die Frauensprache am Ende?‹ Denn, finden Sie nicht auch, man hört heute rein gar nichts mehr von dem Thema.« »Und«, fragte ich zurück, »wie ist es mit Skandinavien? Ist Skandinavien auch am Ende? Man hört in letzter Zeit so wenig von Skandinavien.«

Die Frage »Ist die Frauenbewegung tot?« ist ungefähr so alt wie die Frauenbewegung selbst. Sie wird hierzulande allerdings, seit Alice Schwarzer die fünfzig überschritt, von Jahr zu Jahr mit größerer Ungeduld gestellt.

Frauen, die in der Frauenbewegung aktiv sind, kämen ja nicht auf die Idee, eine so dämliche Frage zu stellen. Wieso auch? Gestellt wird die Frage meist von Männern, die der Frauenbewegung fernstehen, aber auch wieder nicht so unhöflich sein wollen, die Frauenbewegung nun glattweg für tot zu erklären. Niemand würde fragen: »Ist die 68er Bewegung tot?« »Sind die Studentenbewegung, die Hippiebewegung tot?« Weil die nämlich so tot sind, daß die Frage eine Rückfrage nach dem Geisteszustand des Fragenden auslösen würde: »Wo haben Sie denn gelebt während der letzten dreißig Jahre?«

Daß die Frage gestellt wird, ist also ein Beweis dafür, daß die Frauenbewegung gesund und munter ist. Nur – »man hört heute rein gar nichts mehr von ihr.«

Dies Schicksal hat die Frauenbewegung übrigens mit der Frau als solcher gemeinsam: Sie hat gelebt all die Jahrmillionen, seit der Mensch auf der Erde wandelt – nur gehört hat mann nicht viel von ihr. Mann tat nämlich alles, um sie zum Schweigen zu bringen: Das Weib schweige in der Gemeinde – und nach Möglichkeit auch sonst überall. Redete frau trotzdem mal, hat mann eben nicht hingehört. Mann hat anscheinend nur ein einziges Mal kurz was vernommen – als die Neue Frauenbewegung noch wirklich neu war und in spektakulären Aktionen lautstarke Lebenszeichen von sich gab. Und da er die nun nicht mehr hört, macht er sich Hoffnungen, daß die Frauenbewegung tot ist.

Dabei – soo laut waren die Lebenszeichen eigentlich gar nicht. Sie waren halt nur neu und damit für eine Weile der Aufmerksamkeit der Medien wert. Inzwischen ist die Frauenbewegung erwachsen geworden und arbeitet eher wie *amnesty international*, *Terre des Femmes* oder *ÄrztInnen ohne Grenzen* – stetig, beharrlich, nachhaltig. Vieles geschieht effektiver im Hintergrund.

Fast noch beliebter als die Frage nach dem Totsein ist folgende Variante: »Hat die Frauenbewegung sich nicht überlebt?« Besonders junge Frauen, die noch nicht verstehen, was hier gespielt wird, erklären gern frischweg, sie jedenfalls hätten die Frauenbewegung nicht nötig. Für sie ist die Frauenbewegung mitsamt ihren verschrobenen Femi-Omas überholt und total uncool.

Neulich brachte das NDR-Fernsehen zu später Stunde die Sendung *Satirefest*. Zuerst trat eine Kabarettistin auf, angekündigt von einem Mann mit folgenden Worten: »Luise Kinseher ist eine Frau der neuen Frauengeneration. Eine, die nicht über Emanzipation *redet*, weil sie schon emanzipiert *ist*. Sie macht auch kein Frauenkabarett, sie macht einfach gutes Kabarett.«

Die Künstlerin kam nicht gut an, das Publikum lachte kaum. Vielleicht hätte sie doch besser »gutes altes Frauenkabarett« gemacht?

Und was sagt frau sonst noch zu solch mannhaften Sprüchen?

Eigentlich klingt seine Proklamation doch überzeugend: Die Künstlerin redet nicht von Emanzipation, weil sie schon emanzipiert *ist*. Über Geld redet man nicht, man hat es. Über ihre Gesundheit machen sich nur diejenigen Gedanken, die krank sind. Um ihre Freiheit kämpfen nur diejenigen, die keine haben, logo.

Aber irgendwo steckt doch der Wurm in dieser Argumentation.

Der Mann suggeriert, daß eine Frau schon dann emanzipiert ist, wenn sie sich um ihre Emanzipation nicht schert. Ja so pflegeleicht hätten sie uns natürlich gern, und manche gehen ihnen auf den Leim.

Folgende schlichte Wahrheit wurde ausgespart: Um ihre Freiheit kämpfen nur diejenigen, die genug Durchblick haben und sich trauen.

Sicher trifft es zu, daß Kinseher nicht von Emanzipation redet. Ob sie das unterläßt, weil sie dafür zu emanzipiert ist oder weil es sich in dem von Männern beherrschten Kleinkunst-Betrieb schlecht verkauft? Dreimal dürfen Sie raten. Und wenn Sie es erraten haben, wissen Sie auch, weshalb die Frauenbewegung sich ein vorzeitiges Ableben nicht leisten kann. Postfeministinnen werden wir im Postpatriarchat.

März 2002

Menschenrechte für die Frau

Menschenrechtsorganisationen setzen sich für die Grundrechte von Menschen ein, für die Menschenrechte. Daneben noch spezielle Frauenrechte einzuklagen, halten viele Menschen, vielleicht die meisten Menschen, für ein Zeichen von Denkschwäche. Denn die Frauen sind doch in dem Begriff »Menschen« auf alle Fälle schon erfaßt.

Vielleicht haben auch Sie sich schon öfter gefragt, was es mit den merkwürdigen Formulierungen »Menschenrechte für die Frau« oder »Frauenrechte sind Menschenrechte« eigentlich auf sich hat.

Ist die Forderung »Menschenrechte für die Frau« nicht tautologisch, etwa so absurd wie »Hundefutter für die Hündin« oder »Katzenstreu für den Kater«? Meine Schwester schenkte mir vor Jahren ein Glas »Senf für Frauen« – wir lachen heute noch über diesen Gag!

Im Sommer 2001 interviewte ich die inzwischen verstorbene Journalistin Carola Stern zu ihrem bevorstehenden 75. Geburtstag. Carola Stern war in den Jahren davor besonders durch ihre Biographien berühmter Frauen bekannt geworden. In den 60er Jahren hat die engagierte Journalistin die deutsche Sektion von *amnesty international* mitgegründet. Ich fragte sie also, diese beiden Tätigkeitsschwerpunkte miteinander verknüpfend: »Frau Stern, was halten Sie als Mitbegründerin von *amnesty Deutschland* von Organisationen wie *Amnesty for Women* oder *Terre des Femmes* neben *Terre des Hommes*?«

Sie reagierte schnell, lebhaft und sehr entschieden: »Davon halte ich *überhaupt* nichts. Das ist eine ganz unnötige, ja dumme und ärgerliche Zersplitterung!« *Amnesty* habe sich immer für *Menschen* eingesetzt, ohne Rücksicht auf das Geschlecht.

Ich wandte ein, es gebe aber doch, wie etwa die katastrophale Lage der Frauen unter den Taliban zeige oder die systematischen Vergewaltigungen im Balkankrieg, eine ganz spezifische, systematische Gewalt von Männern gegen Frauen, die auch spezifische Gegenmaßnahmen verlange.

Nein, dem konnte sie gar nicht zustimmen.

Es ist üblich, eine Organisation, die sich »nur« um Frauen kümmert, wenn nicht, wie Carola Stern, für im Ansatz verfehlt, so doch für überflüssig zu halten. Es sind dieselben Argumente, die gegen die Quote angeführt werden, gegen die *affirmative action* in den USA, kurz gegen alles, was der Tatsache Rechnung tragen will, daß wir hier noch mitten im Patriarchat leben, wo alle Machtzentren fest in Männerhand sind und Männer gegen Frauen und Mädchen täglich unfaßbar grausame Verbrechen begehen.

Ich habe ziemlich lange nachdenken müssen, um herauszubekommen, wie in dieser alten Streitfrage zu entscheiden ist. Haben Leute wie Carola Stern recht – oder Leute wie Ingrid Staehle, die den Namen »Terre des Femmes« mit dem Untertitel »Menschenrechte für die Frau« geprägt hat?

Der Begriff ›Menschenrechte‹ geht zurück auf die amerikanische Unabhängigkeitserklärung von 1776 und die *Déclaration des droits de l'homme et du citoyen* der Französischen Revolution, die dreizehn Jahre später ihren Anfang nahm. In beiden Dokumenten, auf die sich die Idee der Menschenrechte stützt, war nicht daran gedacht, Frauen ebenfalls zu den Menschen zu zählen. Die Brüder redeten von Freiheit, Gleichheit und *Brüderlichkeit* – und meinten es auch genau so.

Die *Allgemeine Erklärung der Menschenrechte*, genehmigt und verkündet von der Generalversammlung der Vereinten Nationen am 10. Dezember 1948, die ich mir etwa als heute verbindliches, aktuelles Dokument von der Webseite von *amnesty international* herunterladen kann, verkündet in Artikel eins: »Alle Menschen sind frei und gleich an Würde und Rechten geboren. Sie sind mit Vernunft und Gewissen begabt und sollen einander im Geiste der *Brüderlichkeit* begegnen.«

Kommentar überflüssig!

Olympe de Gouges verfaßte angesichts des Widerspruchs zwischen den vollmundigen Erklärungen der Brüder und der tatsächlichen Situation der Frau die *Déclaration des droits de la femme et de la citoyenne*, ein kühnes feministisches Manifest, in dem sie nicht von Menschen spricht, sondern von Frauen und Männern und betont, daß die Frauen die gleichen Rechte wie die Männer haben. Dafür haben die ersten Menschenrechtler sie aufs Schafott geschickt.

Der Begriff der heute so hochgehaltenen Menschenrechte ist also an der Wurzel verfault und unglaubwürdig durch den Ausschluß der Hälfte der Menschheit bei seiner Entstehung und durch die anhaltende Weigerung, ebendiese Menschenrechte ohne Abstriche auch den Frauen zuzugestehen. Daß zu den Menschen auch nicht die schwarzen SklavInnen Amerikas gezählt wurden, genausowenig wie die unterjochte, zur Ausrottung bestimmte indianische Urbevölkerung, macht die »Menschenrechte« auch nicht überzeugender.

Die Sitte, der Frau das Menschsein abzusprechen, hat bekanntlich altehrwürdige Tradition und ist schon in der Bibel verankert, wo es in den Zehn Geboten heißt: »Du sollst nicht begehren deines Nächsten Weib.« Wir dürfen getrost davon ausgehen, daß hier nicht an Lesben gedacht wurde, die die Frau des Nachbarn nicht begehren sollen. Das »du« der Zehn Gebote richtet sich an Männer, wir Frauen sind gar nicht gemeint. Wir gehören nämlich – auf einer Stufe mit Haus, Acker, Vieh und allem was sein ist – zum Besitz des »Menschen«.

Aus dieser schon im Ansatz fatal verfehlten Erklärung der Menschenrechte folgen nun alle weiteren Aporien.

Was machen wir z. B., wenn es zu den Menschenrechten gehört, daß des Menschen Ehre nicht angegriffen werden darf, und die Frau durch Fremdgehen die Ehre des Menschen beschmutzt hat? (Artikel 12 der Menschenrechtserklärung von 1948: »Niemand darf … Angriffen auf seine Ehre und seinen Ruf ausgesetzt werden.«)

Was machen wir, wenn der Mensch ein Recht auf Bildung hat – aber Bildung teuer ist? Ist es da nicht ganz selbstverständlich, daß nur die vollgültigen Menschen in den Genuß der Bildung kommen können, die weniger wertvollen aber häufig leer ausgehen müssen?

Was machen wir, wenn der Mensch ein Recht auf freie Meinungsäußerung hat und er seine Meinung über Frauen in Form von Gewaltpornos im Internet verbreitet?

Was ich mit alldem sagen will, ist: Die scheinbar unsinnigen Formeln »Menschenrechte für die Frau« und »Frauenrechte sind Menschenrechte« sind die einzig angemessene sprachliche *Reaktion auf einen männlichen Denkfehler, der zum Dogma wurde* – auf die in alle Kulturen mehr oder weniger tief eingegrabene, schwer ausrottbare Überzeugung der Männer, daß Frauen entweder überhaupt nicht zu den Menschen zählen (sondern zum Besitz des Mannes) oder daß sie Menschen zweiter Klasse sind.

In der Tat ist es so, daß in den meisten europäischen Sprachen die Wörter für ›Mann‹ und ›Mensch‹ identisch sind: Im Französischen ›homme‹, im Englischen ›man‹, im Italienischen ›uomo‹, im Spanischen ›hombre‹ undsoweiter. Mir ist hingegen keine Sprache bekannt, in der die Bezeichnung für ›Mensch‹ mit der Bezeichnung für ›Frau‹ übereinstimmt.

Sie kennen vielleicht den Witz von den beiden Schnei-
dern, die am selben Platz wohnten. Der eine hängte ein
Schild auf: »Hier wohnt der beste Schneider der Welt.«
Der andere Schneider hängte auch ein Schild auf: »Hier
wohnt der beste Schneider am Platze.«

Der Kleine hat den Gernegroß mit *einem* Satz entlarvt.

Eine ähnliche Glanzleistung war der Spruch »Wir sind
das Volk«, mit dem die angeblichen Vertreter ebendie-
ses Volkes schließlich in die Knie gezwungen wurden.

Sie erkennen das Muster: Der eine bläht sich auf mit
einem universellen (An-)Spruch: »Wir kämpfen für
Menschenrechte!« Die andere kontert bescheiden: »Und
wir für Frauenrechte!« – und untergräbt damit den universellen Anspruch des anderen, entlarvt ihn als hohl.

Kein Wunder, daß Carola Stern nicht begeistert war.

März 2002

Globale Entmannung

In einem Interview wurde mir neulich folgende Frage
gestellt: »Wenn Sie die Zeit von ihrem Buch *Das Deutsche als Männersprache* (1984) bis heute betrachten –
wie sieht Ihre Sprach-Bilanz aus? Sind aus Ihrer Sicht
deutliche Fortschritte erkennbar oder hat sich nach einer
Phase gesteigerten Bewußtseins wieder alles zum Ge-
wohnten gekehrt?«

Meine Antwort: Teils – teils. Ein deutlicher Fortschritt
ist die Tatsache, daß das Maskulinum nicht mehr das ist,
was es einmal war. Vor der feministischen Sprachkritik
hieß es »Sie ist Kaufmann, Ratsherr, Amtmann« und so
fort. Das Publikum, meist zur Hälfte weiblich, wurde
angeredet als »Liebe Leser, liebe Zuhörer, liebe Wähler

und Bürger draußen im Lande«. Das geht heute so nicht mehr, da sind mann und frau sensibel geworden. Wir werden angeredet als »Liebe Leserinnen und Leser«, und eine Frau ist Kauffrau oder Ratsfrau, ganz selbstverständlich. Und das Pendant ist der »Hausmann«, der früher noch ganz lächerlich wirkte. Außerdem gibt es verbindliche Richtlinien für einen »geschlechtergerechten Sprachgebrauch«, dem zumindest die Amtssprache in der Bundesrepublik verpflichtet ist, z. B. in Formularen, Gesetzestexten undsoweiter.

Andererseits sind wir alle träge. Überdies gehört unsere Sprechweise zu unserem Intimbereich, in den wir uns nur sehr ungern hineinreden lassen. Geschlechtergerechte Sprache (ich nenne sie ja lieber nur »gerechte Sprache«) bedarf der Einübung und der Bewußtheit. Und wir sprechen lieber und besser, wenn wir uns der Sprache beim Sprechen nicht bewußt sind. Es gibt also ein paar ganz natürliche Bremsen gegen den Sprachfortschritt.

Und schließlich gibt es den von Männern in allen Machtbereichen gehegten und geschickt geschürten Widerwillen gegen die »Emanzen«. Das war zu allen Zeiten so und gilt ganz allgemein, wenn eine Gruppe in ihrer Macht eingeschränkt werden soll. Auch der französische Adel ließ sich nur ungern köpfen, um ein drastisches Beispiel zu nennen. Die Frauenbewegung ist ja schon uralt, die organisierte begann in weiten Teilen Europas etwa um 1850 und stieß auf härtesten Widerstand. Aber inzwischen dürfen Frauen hier doch wählen, ihr Geld selbst verwalten und die höhere Schule besuchen, sogar die Universität. Das war früher bei uns alles verboten – und in anderen Teilen der Welt, siehe Saudi-Arabien, Kuwait und andere arabische Länder, immer noch. Aber die Gerechtigkeit ist letztlich nicht aufzuhalten, wenn es auch immer wieder Rückschläge und erbitterten Widerstand gegen sie gibt.

So weit der Auszug aus diesem Interview. Inzwischen habe ich gelegentlich weiter über die Zukunft der feministischen Sprachkritik und -politik nachgedacht. Hier mein vorläufiges Ergebnis:

Ich meine, die feministische Sprachkritik hat zur sexistischen Grammatik das Wesentliche schon vor einem Vierteljahrhundert gesagt, in Europa etwa in der Zeit ab Mitte der 70er bis Mitte der 80er Jahre. In den fast zwanzig Jahren seither ging es folgerichtig nicht mehr um theoretische Fundierung, sondern um die Durchsetzung feministisch-linguistischer Forderungen in der Praxis. Diese Forderungen lassen sich in einem handlichen Spruch zusammenfassen:

Frauen wollen sprachlich gewürdigt werden und sprachlich sichtbar sein.

Leicht erschließbar ist hier die gängige Sprachpraxis, gegen die sich der Satz richtet: Frauen werden nach Möglichkeit sprachlich unsichtbar gemacht – dabei half traditionell die sexistische Grammatik, die etwa vorschreibt, daß aus 99 Sängerinnen und einem Sänger zusammen 100 Sänger werden. Wo das nicht geht, werden sie als »Gruppe« (immerhin sind wir die Mehrheit, da ist der Ausdruck »Gruppe« schon seltsam) systematisch herabgewürdigt, lächerlich gemacht, verunglimpft in einer Weise, die für keine andere gesellschaftliche Gruppe toleriert würde.

An dem politischen Prozeß der Durchsetzung einer gerechten Sprache waren und sind in erster Linie frauenbewegte Frauen beteiligt, in allen gesellschaftlichen Bereichen. Die Sprache in den Kirchen, in Politik und Medien hat sich entsprechend frauenfreundlich entwickelt. Am harthörigsten reagierte erwartungsgemäß der »militärisch-industrielle Komplex«, wozu wir heute getrost auch die Universität rechnen dürfen.

In den Einzelsprachen geht dieser Prozeß weiter. Ähnlich wie Engagement und Wachsamkeit der Friedens- oder der ökologischen Bewegung (leider) weiterhin gefordert sein werden angesichts weiterhin aktiver gegenläufiger Strömungen – ähnlich wird vermutlich auch die Frauenbewegung und mit ihr die feministische Sprachpolitik noch für Jahrzehnte, wenn nicht Jahrhunderte, zu tun haben.

Aber die Einzelsprachen sind heute – ganz anders als zu Beginn der zweiten Frauenbewegung vor über 30 Jahren – alle einbezogen in den Prozeß der Globalisierung. Ich denke, daß die Kinder der Welt mit Ausnahme der englischsprachigen in Kürze zweisprachig werden aufwachsen müssen, um sprachlich, wirtschaftlich und politisch auf dem »globalen Markt« mithalten zu können. Später einmal mag sich die Weltpolitik – den Mehrheitsverhältnissen entsprechend – dahin wandeln, daß die für alle WeltbürgerInnen verbindliche Verkehrssprache nicht Englisch, sondern Chinesisch ist.

Zufällig ist es nun so, daß die Grammatik des Englischen (und auch des Chinesischen) weniger sexistisch und damit leichter therapierbar ist als die Grammatik der europäischen Genus-Sprachen, die bekanntlich dem Maskulinum die Krone zuerkennen. Englisch und Chinesisch dagegen besitzen überhaupt kein Genus und somit auch kein grammatisches Maskulinum! (Zur Veranschaulichung: Auf deutsch gehört jedes Substantiv einem der drei Genera bzw. Klassen Femininum, Maskulinum und Neutrum an: *die* Lehrerin, *der* Lehrer, *das* Klassenzimmer, auf englisch gibt es statt *der, die, das* nur the: *the teacher, the classroom.*)

Kurz, unser Kampf für eine nichtsexistische Grammatik wird möglicherweise von einer Seite unterstützt werden, von der wir Frauen es wohl zuletzt erwartet hätten – der fortschreitenden Globalisierung.

An dieser Stelle kommt bei Diskussionen unweiger-
lich die Frage: Ja glauben Sie denn etwa, daß es den
Frauen in China, England, Kanada, Australien und den
USA besser geht als in anderen Ländern?

Antwort: Nein, nicht unbedingt. Aber in einem Punkt
geht es ihnen sicher besser: Der Sexismus der Kultur, in
der sie leben, wird nicht auch noch massiv durch die
Grammatik unterstützt, denjenigen Teil der Sprache,
der den meisten unbewußt bleibt und der daher in seiner
Wirkung am gefährlichsten ist.

Allerdings: Es gibt in diesen Sprachen auch kein Femininum. Frau und Mann sind auf Innovationen und
lexikalische Mittel (etwa wie in *male nurse* und *woman
astronaut*, *girlfriend* und *boyfriend*) angewiesen, um
von sich reden zu machen. Da Frauen sprachlich begab-
ter sind als Männer, haben wir eine gute Chance. Wie
schon der alte Cato sagte: Wenn wir die Frauen gleich-
stellen, sind sie uns überlegen.

Mai 2005

Gender – wer braucht es und wozu?

Die meisten Menschen wissen nicht, was »Gender« bedeutet – ich auch nicht. Aber da das Wort ja überall vorkommt, am häufigsten wohl in dem von der EU verord-
neten Wortungetüm »Gender Mainstreaming«, habe ich
mir mal meinen eigenen Reim darauf gemacht.

Brauchen wir denn das Wort »Gender« überhaupt?
Ich glaube nicht – es war mehr eine gedankenlose Über-
nahme aus dem Englischen, wie sie im Deutschen ja oft
vorkommt.

Im Englischen erfüllt das Wort eine wichtige Funktion. »Und im Deutschen nicht? Wie soll das denn zugehen?« werden viele jetzt fragen.

Dazu eine kleine Anekdote: Mitte der 70er Jahre, ich bekomme Besuch von der Sekretärin unseres Fachbereichs. Auf meinem Tisch sieht sie das Buch *Sexismus – Über die Abtreibung der Frauenfrage* von Marieluise Janssen-Jurreit liegen. Sie sieht mich vorwurfsvoll an: »Also Luise, das hätte ich ja nicht von dir gedacht, daß du solche Bücher liest!« »Wieso? Was meinst du denn?« frage ich verblüfft. – »Na solche Sachen eben, über Sex und so.«

Sie kannte das Wort »Sexismus« bis dahin nicht, es war ja auch erst kurz vorher aus dem Englischen übernommen worden. Wohl aber kannte sie das Wort »Sex«. Daß es außer »Geschlechtsverkehr« auch noch »Geschlecht« bedeutet (wie in »Geschlecht: weiblich«), wußte sie nicht, ebensowenig, daß »Sexismus/sexism« eine Abwandlung von »Rassismus/racism« ist mit der Bedeutung »Diskriminierung aufgrund [nicht der Rasse, sondern] des Geschlechts« – fast immer des weiblichen, versteht sich.

Als einige Jahre später der akademische Feminismus in den USA das neue Wort »Gender« auf den Markt brachte mit der Erläuterung, man unterscheide jetzt zwischen »Sex« und »Gender« und Sex sei das biologische und Gender das soziale Geschlecht – da fragten wir uns lange und bis heute, wo denn da der Unterschied sei.

Wie zum Beweis der Überflüssigkeit der neuen Wortschöpfung wurde übrigens das Wort »sexism« beibehalten. Von »genderism« war nie die Rede. Anscheinend brauchte man das nicht. Und für das Original – »racism/ Rassismus« – brauchte es auch keine Aufspaltung in »biologische« und »soziale Rasse« – obwohl gerade im Fall der »Rasse« die Differenzierung zur »sozialen Rasse« sinnvoll wäre, denn die Biologie kann dem Begriff »Rasse« nichts Greifbares zuordnen. Offenbar ist »Rasse« im Sinn von »biologische Rasse« eine rassistische Erfindung.

Welchen Zweck erfüllt das Wort »Gender« wirklich? Es dient der Distanzierung von unerwünschten Assoziationen an »Sex«. Viele dem Feminismus fernstehende Menschen in den englischsprachigen Ländern mögen sich damals genauso gefragt haben wie unsere Fachbereichssekretärin, was denn diese neue Bewegung da dauernd über Sex redete. Die hatten ja wohl nur Sex im Kopf!

Um diesem teils naiven, teils hämischen Gerede den Anlaß zu nehmen, behalf man sich erst mit »sexes« statt »sex«: Untersuchungen trugen nun Titel wie »Language, Power and the Sexes«. Die Deutschen machten es wieder nach und kreierten die »Geschlechterforschung«.

Aber der Plural war auf die Dauer doch etwas umständlich – und erinnerte immer noch an Sex. Ein neues Wort mußte her. Man bediente sich in der Fachsprache der Grammatik und Linguistik. Das grammatische Geschlecht (Wörter können feminin oder maskulin sein) heißt auf englisch »gender«, von lateinisch »genus« = »Art, Klasse, Sorte«.

Das neue Wort war also gefunden, für böse Witzeleien gab es keinen Grund mehr. »Language, Gender and Power« – das war's doch! Nix mehr mit »Sex and Power« wie »Sex and Crime«!

Jetzt brauchte das neue Wort nur noch eine Bedeutung – kein Wort mag schließlich ganz ohne Bedeutung herumlaufen! »Gender« klang abstrakt, roch mehr nach Grammatik als nach Sex. Also da wäre eine abstraktere Bedeutung doch sehr passend: Das »soziale Geschlecht« war geboren.

Im Deutschen wäre es dagegen nicht nötig gewesen, ein neues Wort zu finden. Wir untersuchten »Sprache,

Geschlecht und Macht«, und die Leute ignorierten uns, statt an Sex zu denken.

Daß wir uns nun wegen einer unseligen Doppeldeutigkeit der englischen Sprache im Deutschen mit einem Anglizismus herumplagen müssen, der zudem nur heiße Luft bezeichnet – ist ärgerlich. Aber es kommt noch besser!

In den neunziger Jahren wurden nämlich aus »women's studies« (Frauenstudien) oder »feminist studies« die heute vorherrschenden »gender studies«. Manchmal wurde das noch mit »Geschlechterstudien« übersetzt. Aber Beherzte beließen es gleich bei »gender studies«, z. B. richtete der Suhrkamp Verlag in seiner feinen Reihe »edition suhrkamp« eine Abteilung »gender studies« ein.

Das sinnleere Wort erfüllte nämlich einen weiteren Zweck, viel wichtiger und elementarer als die Abwehr von Sex-Assoziationen: »Gender« hatte nicht den Hautgoût der »Frauen-« oder »feministischen Studien«, mit denen sich ein richtiger Mann in der akademischen Welt ja unmöglich gemacht hätte. In den 90er Jahren flossen endlich Gelder für diese neue Forschungsrichtung, manche fanden sie sogar schick. Den Schick und die Gelder konnte mann doch nicht allein den Frauen überlassen. Also »Gender Studies« – die stehen auch einem Mann ganz vorzüglich. Kein Spur mehr von »feministisch« oder »Frauen«.

Wie sagte es meine Freundin und Kollegin Senta Trömel-Plötz in ihrem Buch *Frauengespräche* doch so schön und deutlich: »Unvorstellbar, daß ›Black Studies‹ zu ›Black and White Studies‹ und ›Gay Studies‹ zu ›Gay and Straight Studies‹ würden – nur Frauen ist die Absurdität von ›Gender Studies‹ zumutbar«.

Nachtrag: Die E-Mail-Reaktionen zu dieser Glosse waren überwiegend zustimmend, viele fanden aber »Gender« doch ganz nützlich – kurz, das Ganze sei ein weites Feld. Finde ich auch – mein Text soll u.a. eine Debatte darüber anregen.

Februar 2007

Geld

Doch nicht so alternativ?
10 Jahre Alternative Bank Schweiz (ABS) –
ein feministischer Kommentar

Die Frauenbewegung mochte es lange nicht zugeben – aber: Auch für Frauen gibt es kein wichtigeres Thema als das Geld. Grund genug für mich, die Einladung zu diesem Jubiläumskommentar freudig anzunehmen. Ich bekam reichlich Material geschickt mit der Bitte, mich dem Thema »Sprache und Geld«, wie es sich in der Selbstdarstellung der Bank über die Jahre spiegelt, mit feministischem Spürsinn zuzuwenden.

Gegen die Ziele der Bank ist ja nichts einzuwenden; sie sind alle sehr ehrenwert, und jede Person, die wirtschaftlich und moralisch ihre fünf Sinne beisammen hat, sollte diese Bank und ähnliche Projekte wie die deutsche Ökobank voll unterstützen. Keine Frage!

Was also bliebe da zu kritisieren??

Bevor ich diesbezüglich zu meinem großen Schlag aushole, möchte ich einige Randbeobachtungen zum besten geben.

Da ist dieses Vögelchen, mit dem die Bank kokettiert: »Gnomen haben dunkle Anzüge, wir einen Vogel« (was in etwa mit »Gnomen« gemeint sein könnte, mußte ich als Deutsche aus dem Kontext schließen – nach meinem Sprachgebrauch sind Gnome zwergenhafte, verwachsene Märchengestalten männlichen Geschlechts, gesetzten Alters und undurchsichtiger Zielsetzung). Also da ist dieser Vogel, das Wappentier der Bank sozusagen. In Deutschland haben wir auf einigen Münzen den Bundesadler – aber diese Assoziation führt wohl in die Irre. In den Anfangsjahren war das ABS-Tier als Vogel gut erkennbar und schwirrte frohgemut steil auf nach links oben. Ein paar Jahre später hatte man ihn optisch verschlankt und stark abstrahiert.

Er war irgendwie männlicher geworden, scheint mir, weniger verspielt. Er hat jetzt größere, geradezu überproportionale Schwingen. Er flattert auch nicht mehr steil nach links oben, sondern gleitet eher, sanft ansteigend, nach rechts oben, wohl nach dem Motto »In der Ruhe liegt die Kraft«. Das Tier hat sich von seinem Linksdrall erholt; es hat jetzt einen Rechtsdrall. Außerdem ist es so abstrakt geworden, daß frau das Gebilde glatt für ein mißmutiges Fischmaul halten möchte. Wenn sie eben nicht wüßte, daß es ein Vogel sein soll …

Ob das was zu bedeuten hat, weiß ich nicht. Aber es gab mir zu denken, wie Sie bemerken.

Noch mehr zu denken gab mir allerdings eine hartnäckige Eigentümlichkeit der Werbeslogan-Serien durch all die Jahre, die ich in meinen frühen Analysen der Männersprache als »Gruppenbild mit Dame« identifiziert habe. Typisches Beispiel aus jenen fernen Tagen: »Er liebte Rassepferde, schnelle Autos und schöne Frauen.« Die Frau wird hier eingeordnet als eines unter diversen Luxusobjekten des Herrn. So was wollen wir nicht mehr sehen, verkündeten wir damals angewidert. Und nun finde ich dasselbe Muster in den Werbeslogans dieser sympathischen Bank! Bis 1992 kommen Frauen in den Slogans nicht vor, dann aber sind sie ein wiederkehrendes Element:

»Interessiert es Sie, ob Ihr Geld
– an Genen manipuliert?

– Frauen diskriminiert?
– sich an Tieren vergreift?
– im Trüben fischt?
– Trinkwasser versaut?
– Wohnungen verteuert?
– Arbeitsplätze killt?«

Usw.

Der einzige Unterschied zu »Rassepferde, schnelle Autos und schöne Frauen«: Die Frau ist diesmal nicht ein Luxusobjekt unter anderen, sondern ein Gegenstand tadelnswerter Investitionen unter vielen anderen derart negativ betroffenen Gegenständen.

In anderen Werbeserien der Bank ist die Frau ein »Projekt« unter vielen anderen nützlichen Projekten:

1995:
»Investieren Sie dort,
– wo Spekulation keine Tugend ist.
– wo Frauen gleichberechtigt sind.
– wo der Landwirt biologisch ackert.
– wo niemand an Genen fummelt.
– wo Ausländer keine Fremden sind.
– wo Wohnen keine Ware ist.
– wo Fußgänger keine Exoten sind.«

Usw.

Wie wäre es übrigens, wenn da mal eine Landwirtin biologisch ackern würde, wenn Ausländerinnen keine Fremden wären und Fußgängerinnen keine Exotinnen? In allen anderen Verlautbarungen der Bank wird die sogenannte geschlechtergerechte Sprache (ich bevorzuge den Ausdruck »gerechte Sprache«) mit Sorgfalt verwendet, es wimmelt von »Kundinnen und Kunden« und »AnlegerInnen«. Nicht so in den Werbeslogans. Das Argument, daß mann sich da kurz fassen müsse, zieht nicht. »Wo die Landwirtin biologisch ackert« ist durchaus nicht zu lang, hört und fühlt sich sehr gut an.

Vielleicht sollte die Bank mal der Werbeagentur auf die Sprünge helfen. Zumal wenn es stimmt, was ich 1999 lese:

> »Unsere Frauen haben den Spieß umgedreht: Wir haben jetzt Quotenmänner.« (1999)

Aber irgendwas stimmt doch auch wieder nicht an dieser frohen Botschaft! *Wessen* Frauen sind denn »unsere Frauen«? Viel netter klingt da: »Wir haben den Spieß umgedreht: Unsere Männer sind Quotenmänner.« Oder so ähnlich.

Ich fasse meine Kritik in Form einer Grundsatzüberlegung zusammen: Irgendwann Ende der siebziger Jahre las ich im *Spiegel* die Formulierung: »Die ökologische Bewegung, die Friedensbewegung, die Frauenbewegung und andere alternative Strömungen«. Ich traute meinen Augen nicht. Da hatten diese Burschen doch mit einem Schlag die führende soziale Bewegung der Zeit als eine unter all den anderen untergebracht. Sie hatten die Frauen semantisch degradiert und auf ihren Platz verwiesen. Und dabei ist es bis heute geblieben, und den meisten Frauen ist es nicht einmal aufgefallen. Sie engagierten sich begeistert in all den Öko- und Friedensprojekten, entzogen ihre Energien der Frauenbewegung und wunderten sich schließlich, wo diese eigentlich geblieben war!

Die große US-amerikanische Historikerin Gerda Lerner hat festgestellt, daß die Frauen immer draufgezahlt haben, wenn sie sich in ehrenwerten gemischtgeschlechtlichen Projekten engagierten. Nur die Projekte, die sie (meist gezwungenermaßen, weil Männer sie ausschlossen) ganz für sich unternahmen, haben die Frauen geschichtlich vorwärtsgebracht. Z. B. die großen Frauen-Colleges der USA oder der Kampf um das Stimmrecht.

Der von Frauen getragene Kampf gegen die Sklaverei dagegen brachte nur schwarzen Männern das Stimmrecht, schwarze und weiße Frauen mußten darauf noch über 50 Jahre warten!

In Deutschland waren die Frauen führend in der Bürgerrechtsbewegung, die das DDR-Regime zu Fall brachte – danach übernahmen die Männer die Führung.

Und also fasse ich zusammen: All die ehrenwerten Ziele der Bank sind von jeher Ziele der Frauenbewegung. Von daher wäre es nur logisch, gleich eine Frauenbank zu gründen oder eine feministische Bank. Wirklich alternativ denkende Männer hätten damit – per definitionem – keine Probleme. Die erfolgreiche alternative Grameen Bank in Bangladesh vergibt ihre Kleinstkredite an Frauen, weil die damit klüger und verantwortungsbewußter umgehen als Männer.

Das Problem der merkwürdig verzerrten Werbesprüche wären wir auch gleich los. Die Frauen wären nicht mehr ein Thema unter vielen, sondern sie wären *das* Thema, wie es sich gehört. Denn wir Frauen besitzen bekanntlich genau ein Prozent des Weltvermögens.

März 2001

Die Mark und der Euro

Viel ist über den Euro in den letzten Jahren, Monaten und Wochen gesagt und geschrieben worden. Ich habe nur selten hingehört, aber am 17. Dezember holte auch ich mir für 20 Mark eine Plastiktüte mit Euromünzen bei der Bank ab, das sogenannte Starter-Kit, dessen Inhalt ich zu Hause in ein Glastellerchen ausleerte und zustimmend begutachtete.

Die Münzen gefielen mir, sie wirken fast elegant mit den schrägen und dezentrierten Ziffern und der Zweifarbigkeit der beiden Teuros. Weniger bürokratisch-militärisch als das alte Design der Mark. Ein hübsches Weihnachtsgeschenk für meine kleine Nichte!

Die Scheine habe ich noch nicht in der Hand gehabt, weil ich vor der Euro-Einführung in die USA reiste und dort auch noch bin. Aber Abbildungen habe ich natürlich gesehen. Tore und Fenster auf den Vorderseiten wg. der Aufgeschlossenheit Europas, auf der Rückseite Brücken von wegen der Verbundenheit der Staaten untereinander und zur Welt.

Alles gut und schön, ich bin einverstanden.

Gut finde ich auch, daß ich bei dieser Gelegenheit endlich meine Schubladen entrümpelt, alle »Schlafmünzen« zur Bank getragen und meine ausländischen Münzen in das Sparschwein von »Brot für die Welt« umgefüllt habe.

Dennoch trauere ich mit meinen Landsleuten über das Dahinscheiden der deutschen Mark.

Anfang Dezember gab es im Deutschlandfunk eine dreistündige Sendung über den Abschied von der Mark. Eine Demoskopin und Sozialpsychologin berichtete teilnahmsvoll, das deutsche Volk trauere, oft könnten die Befragten gar nicht mal recht sagen, warum. Einige waren aber imstande gewesen, die Trauer zu begründen. Auf die Mark hätten die Deutschen stolz sein können, sagten sie. Auf unser Land oder gar unsere Geschichte können wir ja nicht stolz sein, aber die Mark, die galt doch was in der Welt! Sie galt sogar sehr viel.

So hatte ich das noch gar nicht gesehen, aber ich fand es nachvollziehbar. Armes Deutschland – hat nichts, auf das es stolz sein kann, außer der Mark?! Eine bittere, auch irgendwo rührende Bilanz. Denn die große Mehrheit der Befragten wie überhaupt der heute lebenden

Deutschen, sagen wir mal alle, die unter siebzig sind, sind ja an den Naziverbrechen unschuldig – wenn auch die bedenkliche deutsche Kombination aus Überheblichkeit und Gründlichkeit weiterbesteht. Aber das ist ein weites Feld und ein anderes Thema.

Wie gesagt, auch ich trauere um die Mark, aber nicht aus diesem Grund. Ich trauere auch um die anderen femininen europäischen Währungen: Die griechische Drachme, die spanische Peseta, die Finnmark und die italienische Lira. Die dänische und die schwedische Krone halten sich noch tapfer, aber auch sie werden dem maskulinen Euro weichen (der im Dänischen und Schwedischen selbst allerdings so »geschlechtslos« sein wird wie die Krone).

Wieder ein paar Feminina weniger in unseren Sprachen, noch dazu solche, die ständig gebraucht wurden und auf die viele sogar stolz waren.

Und ich trauere um die Frauenporträts auf den deutschen Geldscheinen. Tore, Fenster, Brücken, Weltoffenheit – alles gut und schön, aber was ist das schon gegen eine Bettina von Arnim, Annette von Droste-Hülshoff, Clara Schumann und Maria Sibylla Merian!

Ich werde mich trösten müssen mit den holländischen Münzen, die allesamt das Porträt von Königin Beatrix auf der Rückseite tragen, und mit der österreichischen Zwei-Euro-Münze. Auf ihr prangt die Pazifistin und erste Friedensnobelpreisträgerin Bertha von Suttner, die immerhin im Wert noch vor dem österreichischen Götterliebling Mozart rangiert, der nur einen Euro wert ist.

Was die ganze Euro-Aktion aber vorbildlich gezeigt hat, ist, wie solche Einigungsprozesse vonstatten gehen müssen – nämlich durch Schaffung einer neuen, übergeordneten Einheit. Es wäre ja immerhin denkbar gewesen, mit der anerkannt stabilen D-Mark nun ganz

Europa beglücken zu wollen. Unmöglich – was hätten da wohl die Italiener und erst die Franzosen gesagt! Ich benutze bewußt das Maskulinum. Es wäre ihnen gegen die nationale Ehre gegangen. Und so vereinnahmend geht man nicht um mit gleichberechtigten und geachteten Partnern. So geht man nur um mit Unterlegenen. Zum Beispiel Mann mit Frauen oder Wessi mit Ossis. Ossis bekamen gnädigerweise die D-Mark, und das frisch vereinigte Deutschland bekam nicht etwa einen neuen Namen, wie es sich gehört hätte. Statt das neue dicke Staatsgebilde »Deutsche demokratische Bundesrepublik« oder ähnlich zu nennen, wurde der westdeutsche Staatsname den Ostdeutschen übergestülpt.

Auch Frauen schrieb das Namensrecht bis vor kurzem vor, bei der Heirat den Namen des Mannes zu übernehmen, und diesem »Brauch« folgen die meisten bis heute. Eine Französin und ein Grieche sind zusammen zwei Europäer, nur auf Radikalfeministisch sind sie Europäerinnen. Wie wäre es statt dessen mit »zwei Euros«? Sie eine Euro und er ein Euro. Denn Europa wird ja überall schon »Euroland« genannt – doch wohl hoffentlich nicht nach dem schnöden, wenn auch schicken Mammon, sondern nach uns EuropäerInnen!

Januar 2002

Gesundheit

In alter Frische

»Will you still love me when I'm sixty-four«, fragte ich meine Liebste vor zehn Jahren (sie war 50, ich 47). Sie überlegte ein wenig, lächelte verschmitzt und sagte dann: »Sure – but maybe not so often.«

Diese Anekdote erfaßt vieles, was von lesbisch-feministischer Seite über das Alter und die Liebe zu sagen ist: Wir geben zu, daß im Alter (vielleicht nicht nur) die körperliche Attraktivität nachläßt, weshalb auch wir uns besorgt erkundigen, ob die andere uns trotzdem noch lieben wird. Und wenn sie die vollkommene Geliebte ist, wie wir sie als Feministinnen wahrhaftig verdient haben, beruhigt sie uns, witzig, lieb, ironisch und selbstironisch zugleich: »Na klar – aber vielleicht nicht so oft.« Weshalb nicht so oft – das bleibt offen. Aber es muß nicht unbedingt nur an mir liegen, denn schließlich wird auch sie älter.

Auch Männer werden älter – in den Industrienationen durchschnittlich 72 Jahre, Frauen dagegen über achtzig. Betty Friedan meint, das liege am Männlichkeitswahn, der den Mann zum Gefühlskrüppel und damit für die hohen Anforderungen des Alters untauglich macht.

Wenn der Mann mit zunehmendem Alter Erektionsstörungen bekommt, führt er seine Probleme gerne darauf zurück, daß »die Alte« ihn nicht mehr so richtig anmacht, und nimmt sich eine jüngere Frau (die zum Ausgleich an seinem Status teilhaben darf).

Die Frauen, die dies Spiel nicht rechtzeitig durchschauen, kämpfen gegen den gnadenlosen Schönheitswahn und Jugendkult unserer Kultur einen Kampf, der so energie- und kostenfressend wie aussichtslos ist, zunehmend härter wird – und neuerdings sogar Männer erfaßt. Wer diesem Trend nicht beizeiten den Rücken kehrt und auf stabilere Werte setzt, kann einpacken.

Nur als Beleg für die Altersfeindlichkeit als Norm zitiere ich aus einem aktuellen Artikel von Daphne Merkin über Liv Ullmann (*The New York Times* vom 21. Januar 2001):

> »Mit 62 hat sie eine sanfte, melancholische Schönheit, ... trotz Anzeichen des Alters um Augen und Mund und einer deutlichen Schlaffheit um den Hals. Anders als viele Frauen, die wegen ihres Aussehens bekannt sind, hatte sie keine Schönheitsoperation – weil, so erzählt sie mir, sie immer das Gesicht ihrer Großmutter gemocht hat: ›Ich dachte, vielleicht kann ich so ein Gesicht bekommen. ... Ich wollte sehen, was Gott mit meinem Gesicht vorhatte, mehr aus Neugierde.‹ Sie gibt ehrlich zu, daß sie schon mal an eine Schönheitsoperation gedacht hat, besonders, wenn eine Frau sie auf dem Flughafen anhält und fragt: ›Waren Sie nicht mal Liv Ullmann?‹«

Früher war es ein Thema, wenn ein Star sich liften ließ. Heute ist es ein Thema, wenn eine sich *nicht* liften läßt. Aber sie braucht schon eine sehr gute Erklärung für so unkonventionelles Verhalten, und Ullmann weiß auch eine, eine rührende, mit Liebe zur Großmutter und Gott und allem Drum und Dran.

Wohlgemerkt, hier reden nur Frauen mit und über Frauen. Wir stricken alle mit an diesem Muster, Altersfeindlichkeit ist die Luft, die wir einatmen – und ausatmen. Auch die Frauenbewegung hat alte Frauen weitgehend außen vor gelassen, aber jetzt, wo wir Gründerinnen

selbst um die 60 sind (60 scheint heute die Schmerz-
grenze zu sein, vor 170 Jahren lag sie für Frauen bei 30),
beeilen wir uns, dies Thema endlich – und sozusagen in
alter Frische – anzupacken.

Mit 62 Jahren gehört heute für eine Frau viel Mut
dazu, sich »so« sehen zu lassen, »wie der liebe Gott uns
gewollt hat«. Betty Friedan widmet in »Mythos Alter«
(1993) zwei Kapitel dem völligen Verschwinden alter
Menschen aus den Medien. Alte Menschen sind nicht
»vorzeigbar«, genausowenig wie junge Frauen, die dem
Schönheitsideal nicht entsprechen. In der Sprache ist
sogar die »Frau als solche« unerwünscht.

Simone de Beauvoir hat 1949 mit *Das andere Geschlecht*
die europäische Bibel des Feminismus veröffentlicht;
Betty Friedan 1963 die amerikanische mit *Der Weiblichkeitswahn*. 1970 brachte Beauvoir ihr Monumental-
werk über *Das Alter* heraus und Friedan 1993 *Mythos
Alter*.

Die Bedeutung dieser Parallele – daß die beiden ein-
flußreichsten Theoretikerinnen des Feminismus im
20. Jahrhundert mit gleicher Leidenschaft über das Alter nachgedacht haben – ist mir bis heute nie richtig auf-
gegangen.

Dabei liegt der Grund ja eigentlich auf der Hand: Die
Situation der Frauen vor dem Aufkommen der zweiten
Frauenbewegung hat sehr viel gemeinsam mit der Situation der Alten bis heute. Das erkannten die beiden, sowie sie sich selbst als alt und damit zum zweiten Mal als
praktisch wertlos eingeordnet sahen – und mit gewohn-
ter Verve und Unerbittlichkeit machten sie sich ans
Analysieren.

Diese beiden großen Denkerinnen haben die Zu-
schreibungen, die die Gesellschaft für uns Frauen bzw.
uns Alternde/Alte bereithält, nicht einfach hin-, sondern systematisch auseinandergenommen. Ihre Werke

sind unsere wichtigste Waffe im Kampf nicht nur gegen die Frauen-, sondern auch gegen die Altersfeindlichkeit.

Beauvoir kam u.a. zu dem Schluß, daß sie ihre alten Tage mit einer liebevollen Gefährtin beschließen konnte. Friedan sieht diese Chance auch, behandelt sie aber eher als mathematische Notwendigkeit, da ja für die alte Frau kaum noch gleichaltrige männliche Partner übriggeblieben sind.

Im übrigen setzt Friedan auf eine Neubewertung des Alters: Weg vom »Gebrechlichkeitswahn« (*age mystique*), der das Alter nur als Gegensatz zur Jugend begreift und auf einen einzigen Aspekt reduziert – Verfall –, ähnlich wie der Weiblichkeitswahn (*feminine mystique*) die Frau auf die Funktionen Gattin, Hausfrau und Mutter reduziert hatte. Unterschlagen wird dabei, daß die meisten Menschen das ihnen heute beschiedene lange Alter in bester Gesundheit verbringen (bis auf die allerletzten Wochen) und daß das Alter eine Zeit der Vollendung sein kann und sollte, in der wir endlich rund und weise werden.

Rund bin ich schon, nun warte ich zuversichtlich auf die Weisheit …

Januar 2001

Im Fitness-Studio

Damit wir das vorneweg mal klarstellen: ich heiße Luise, bin 58 Jahre alt und wiege 93 Kilo.

Vor zwei Jahren meldete ich mich bei einem Fitness-Studio an. Damals wog ich 87 Kilo. Heute, nach zwei Jahren Strampeln und Stemmen, sind es also 93. Die neu hinzugekommenen sechs Kilo sind natürlich alles Muskeln.

»Ist doch klar, alles Muskeln«, bestätigt meine unerschütterlich liebevolle Lebensgefährtin, »Muskeln wiegen ja viel mehr als Fett, ist ja allgemein bekannt.« Seit zwei Jahren habe ich demnach jedes Jahr drei Kilo Muskeln zugelegt? Aber vor diesen zwei Jahren waren es auch pro Jahr drei Kilo mehr, ohne Training. Ebendeshalb beschloß ich ja, »etwas für mich zu tun«, wie die Schinderei üblicherweise genannt wird.

Na ja.

Schon lange wollte ich eine Glosse über mein Fitness-Studio schreiben, aber irgendwie inspirierte es mich nicht so recht. Komisch ist es eigentlich nicht besonders. Wir Frauen gehen dorthin, um zu arbeiten, und was ist an Arbeit schon erheiternd. Tragisch ist diese Arbeit vielmehr – eine echte Sisyphusarbeit. Was wir am Tag mühsam erstemmt haben, einen winzigen Gewichtsverlust vielleicht, futtern wir uns nachts wieder an. Ich jedenfalls tue das regelmäßig, beim Fernsehen in meinem Ikea-Liegesessel. Das Fernsehen beschäftigt meinen Geist nicht genug. Statt dem Kommissar bei seinen langweiligen Ermittlungen zu folgen, male ich mir aus, was im Kühlschrank noch Leckeres hinterlegt ist. Lesen ist absorbierender – beim Lesen fällt mir nur selten das Essen ein.

Mein Fitness-Studio ist ein reines Frauenstudio, sonst wäre ich auch nicht Mitfrau geworden. Besitzer ist allerdings ein Mann, der mit Nachnamen passenderweise Strempel heißt. »Der Olle stört doch nicht (er heißt Ole)«, sagt meine feministische Bekannte Lisa dazu, die ich manchmal im Fitness-Studio treffe. Sie ist Amerikanerin und großzügig, wie dies Volk nun mal ist. Allerdings arbeitet sie ja auch nicht im Fitness-Studio, sondern geht nur in die Sauna. Ihr geht es mehr um Well- als um Fitness.

Aber um die Vorteile des Clubs nutzen zu können, der erschwinglich und vor allem gleich um die Ecke ist, habe ich mir ihre Ansicht zu eigen gemacht. Nein, der Olle stört eigentlich nicht.

In den ersten achtzehn Monaten meiner Mitgliedschaft fühlte ich mich in meinem Fitness-Studio als Außenseiterin. Ich begegnete dort eigentlich nur jungen Frauen zwischen 18 und 30, schätze ich mal, alle rank und schlank und durchtrainiert. Niemals lächelten sie mitleidig über mich. Sie lächelten einfach überhaupt nicht – was gibt es bei der Arbeit auch schon zu lächeln. Sie redeten weder miteinander noch mit mir. Dabei ist unser Fitness-Studio ein Club; wir werden von den Trainerinnen alle herzlich mit Du angeredet und dazu angehalten, auch die anderen Mitfrauen zu duzen. Weil den meisten das ungewohnt ist, reden wir halt überhaupt nicht miteinander. Jede geht schweigend und konzentriert ihrer Arbeit nach.

Das fängt an mit dem Ausdauertraining. Ich besteige mein LifeFitness-Fahrrad und strampele 35 Minuten vor mich hin. Gegenüber arbeiten die jungen Frauen an ihren Stepgeräten, auf und nieder, auf und nieder. Dazu lesen sie in mitgebrachten Taschenbüchern oder ausgelegten Frauen-Zeitschriften Marke *Cosmo* – die *Emma* ist nicht darunter, nicht einmal der *Spiegel* oder der *Stern*, die ich doch bei meiner Zahnärztin hin und wieder einsehen kann. Am Ende der Übung, während welcher ich mindestens einen halben Liter Wasser getrunken habe, steige ich völlig verschwitzt vom Rad und stakse auf die Insel der Dehnübungen zu. Vorher habe ich mit meinem Handtuch sorgfältig den Schweiß von dem Gefährt gewischt.

Im Nebenraum tobt derweil eine Aerobic-Gruppe, ich kann mir das durch ein Fenster ansehen. Die Trainerin macht ihre ausgeklügelten Stepvarianten und Armschwünge vor, die jungen Frauen folgen ihrem Kommando lammfromm.

Ich mag nicht lange hinsehen, es kommt mir indiskret vor, den Frauen bei ihren schweißtreibenden Verrichtungen zuzuschauen. Mag ich ja auch nicht die Vorstellung, daß ich beobachtet werde, wie ich nun auf mein Handtuch plumpse, den Po an eine vierkantige Säule rücke und meine Beine, eins nach dem andern, zwecks Streckung der Sehnen hochkant gegen die Säule presse.

Nein, wir Frauen sind diskret, jede blickt bei den Verrichtungen konzentriert vor sich hin. In diese körperliche Intimität hineingezwungen, verhalten wir uns alle wie im Flugzeug oder Fahrstuhl bei unerwünschter Tuchfühlung: Starr vor uns hinblickend, bis es vorbei ist.

Auch im Umkleideraum herrscht meistens Stille, es sei denn, eine Frau ist mit ihrer Freundin oder Kollegin da. Dann reden die beiden angeregt, aber verhalten über den Chef oder das Studium, während die andern sich still an- oder entkleiden. In den Duschraum, wo sechs Frauen gleichzeitig auf Tuch- oder besser Hautfühlung duschen können, gehen nur wenige – das erledigt frau, egal wie verschwitzt vom Training, doch lieber zu Hause, so auch ich. Besonders, wenn frau wegen Figurproblemen hier ist, und welche wäre das nicht, selbst wenn die Probleme bloß eingebildet sind.

Manchmal aber tummelt sich so eine pummelige mittelalterliche oder auch ranke junge Nackte anscheinend natürlich und ganz ohne Hemmungen zwischen uns Verklemmten, und dann blicken wir noch konzentrierter vor uns hin.

Die Frauen besitzen überwiegend hübsche Sporttaschen, von Nike oder Adidas, während ich mit meiner Aldität ankomme. Wozu soll ich mir extra eine Sporttasche zulegen, die Aldität eignet sich prima zum Hineinstopfen der Hallen-Sportschuhe, des Handtuchs, der Plastik-Wasserflasche und der kurzen Sporthose Marke Champion. Seit aber meine lila-grüne Freundin Ellen aus Berlin mich ermahnte, nicht mit meiner Alditüte herumzulaufen, ich wäre doch keine Migrantin, habe ich meine Unschuld verloren und mache mir Gedanken, ob die Alditüte für den Fitnessclub das Richtige ist. Aber sie wurde noch von keiner beanstandet. Diese Frauen sind von erlesener Zurückhaltung und Höflichkeit.

Wenn ich an die Muskeltrainingsgeräte gehe, muß ich regelmäßig die Gewichte der jungen Vorbenutzerinnen mindestens um das Doppelte aufstocken. Mit den Beinen stemmen sie (wie ich zu Anfang) kaum mehr als 50 Kilo weg, ich dagegen inzwischen 97. Lässig. Am Latzug – einem Gerät, wo frau mit beiden Armen ein Gewicht von hoch über dem Kopf bis in Brusthöhe ziehen soll – sind es 30, zugegeben: mit Mühe, aber die Vorgängerin oder Nachfolgerin schafft in der Regel allerhöchstens 20.

Diese Frauen wollen lieber nicht muskulös sein, das könnte den real existierenden oder erhofften Freund als unweiblich abstoßen. Für ihn arbeiten ja die meisten hier an ihrem Erscheinungsbild. Während meine Lebensgefährtin meine zunehmende Körperkraft sehr praktisch findet, seit sie Probleme mit dem Rücken hat. Ich trage alle in unserem Haushalt anfallenden Lasten mit Vergnügen und – ja, doch – Eleganz.

Weshalb ich an meinen Muskeln arbeite? Hier etwas Lebenshilfe für die Frau ab 40: Es heißt, wir verlieren jährlich zwei Prozent unserer Muskeln, wenn wir nichts dagegen tun. Wegen fehlender Balance durch ihre schwache Muskulatur fallen alte Frauen oft so unglücklich, daß sie sich den Oberschenkelhals brechen. Sie kommen ins Krankenhaus, holen sich eine Lungenentzündung und sterben vorzeitig – an fehlenden Muskeln.

Das möchte ich doch nach Möglichkeit vermeiden und baue schon mal vor. Die Sportmedizinerin Miriam Nelson von der Tufts-Universität in Boston hat mit Frauen über neunzig gearbeitet. Diese alten Damen hatten nach sechsmonatigem Training ihre Muskeln um 50 Prozent vermehrt.

Seit etwa einem halben Jahr fühle ich mich in meinem Fitnessclub nicht mehr so als Außenseiterin. Mehr und mehr Frauen in meinem Alter scheinen Miriam Nelsons frohe Botschaft (*Starke Frauen bleiben jung*, leider vergriffen) vernommen zu haben und machen sich nun über die Geräte her. Auch wir reden nicht miteinander, aber wir lächeln uns an, wissend. Wir sind nicht ganz so schön wie die anderen Arbeiterinnen, aber *wir* wissen, worauf es ankommt.

Dezember 2002

Nachtrag zwei Jahre später: Inzwischen habe ich das Fitness-Studio gewechselt und noch mehr Muskeln (oder was?) zugelegt. Ich gehe zum Kieser-Training, das ist viel günstiger als mein früheres Studio. Außerdem bin ich da unter meinesgleichen: Ernsthaft an ihrem Muskelapparat arbeitenden Leuten über 50, beiderlei Geschlechts. Aber das stört nicht. Auch die Männer, da reiferen Alters, scheinen inzwischen zu wissen, worauf es ankommt.

Das Geheimnis der positiven Ausstrahlung

Die neue *Hörzu* lag auf dem Tisch. »Das Geheimnis der positiven Ausstrahlung« las ich vor – der Aufmacher für die Woche. »*Das* ist das Geheimnis«, sagte Joey trocken

und zeigte auf den tiefen Ausschnitt der Titelschönheit.

Zweifellos – die junge Dame sieht sympathisch aus. Lässig sitzt sie da und schaut nach oben – irgend jemandem, mindestens dem Fotografen oder der Fotografin, gewährt sie einen tiefen Einblick.

Viel hat sie allerdings nicht zu bieten, aber das Bißchen wurde gekonnt in Szene gesetzt. Ihr Unterteil macht einen übernatürlich schmalen oder anorektischen oder per *Photoshop* korrigierten Eindruck.

Die Woche davor hatten wir auch über das Titelbild der *Hörzu* geredet, was wir sonst kaum mal tun. Da lautete das Titelthema: »Das Fitness-Wunder: Nur zehn Minuten pro Woche: der schnelle Weg zum perfekten Körper in jedem Alter.«

Wir beide sind in den Sechzigern, dürfen uns also zu der angesprochenen Gruppe zählen. Jedes Alter – da passen sogar wir hinein. Aber nicht aufs Titelbild. Da wird »jedes Alter« nur mit jungen Menschen illustriert, in diesem Fall wieder mit einer sympathischen jungen Frau, die wieder so fotografiert war, im Liegestütz von vorn, daß wir ihr tief in den Ausschnitt blicken konnten.

Die *Hörzu* ist eine biedere Zeitschrift für die ganze Familie. Warum gewährt sie dann neuerdings so tiefe Einblicke in die Dekolletés junger Damen? Und tut dabei so, als ginge es um Fitness oder um eine positive Ausstrahlung? Wo es doch offensichtlich um die Ausstellung des Busens geht, wie bei jeder x-beliebigen Pornozeitschrift.

Anscheinend hat die *Hörzu* Absatzprobleme und spekuliert auf »Spontankäufer«, die der geballten positiven Ausstrahlung einfach nicht widerstehen können.

Wie dem auch sei, unser Wortschatz wurde durch die *Hörzu* in netter Weise bereichert. Die »positive Ausstrahlung« hat sich zu einem *running gag* entwickelt, dem wir (vorerst noch) viel Heiterkeit verdanken.

Joey über ihr geplantes Outfit für die Reise: »Dazu muß ich leider einen BH anziehen.« Ich: »Mußt du nicht – wieso denn?« Joey: »Weil meine Ausstrahlung sonst zu positiv ist.«

Abends sehen wir *Kulturzeit* auf 3sat. Es moderiert Andrea Meier. Wir beide: »Die hat aber heute eine sehr positive Ausstrahlung.«

Eine Sendung über Affen; die Äffin zeigt statt eines Busens nur lange rote Zitzen, die ihr unordentlich aus dem grauen Fell hängen. Unser einstimmiges Urteil: »Fast keine positive Ausstrahlung.«

Über Marietta Slomka mit dezentem Ausschnitt: »Hat heute nur geringfügig positive Ausstrahlung.« Aber erst Kurt Beck im Interview mit Slomka nach den Bremer Wahlen! »Der hat nun wirklich gar keine positive Ausstrahlung.« – Auch auf diesem wichtigen Gebiet haben die Männer es schwerer.

Mai 2007

Heim und Herd

Hausfrau und Haustier:
Das Sprachbild der Haus- und Familienarbeit

Sie wundern sich über den Titel: »Hausfrau und Haustier«? Mir ist die Verwandtschaft der beiden Begriffe auch erst bei der Arbeit an einem Text für die Premiere des Buchs *Von der Hausfrau zum Facility-Manager? Strategien zur Entdiskriminierung der Haus- und Familienarbeit* (hg. von Christof Arn und Doris Stump, Bern/Wettingen 2004) aufgefallen. Das freie Tier ist im Gegensatz zum Haustier »herrenlos«, nicht »domestiziert«, nicht für den Hausgebrauch dressiert.

Die freie Frau ist »herrenlos«, nicht für den Hausgebrauch dressiert.

Und so sah es eine der größten feministischen Theoretikerinnen, Charlotte Perkins Gilman, vor über 100 Jahren: In *Women and Economics* von 1898 vergleicht sie die Stellung der Frau mit der von Kühen:

»Die wilde Kuh ist weiblich. Sie hat gesunde Kälber und genügend Milch für sie. *Und mehr Weiblichkeit braucht sie nicht. Abgesehen davon ist sie eher rindlich als weiblich.* Sie ist ein schlankes, starkes, schnelles Tier, fähig zu rennen, zu springen und wenn nötig zu kämpfen. Wir haben, aus ökonomischen Gründen, die Fähigkeit der Kuh, Milch zu produzieren, künstlich weiterentwickelt. Sie ist zur lebenden Milchmaschine geworden, gezüchtet und gehalten nur zu diesem Zweck; ihr Wert wird in Litern gemessen« (zit. nach Elaine R. Hedges: »Afterword to the ›The Yellow Wallpaper‹«, in: Catherine Golden (Hg.): *The captive*

imagination; a casebook on »The Yellow Wallpaper«.
New York 1992 [1973], S. 123-136; S. 133. Übs. und
Hervorhebung von LFP).

Women and Economics ist eine Abhandlung über die fi-
nanzielle Abhängigkeit der Frau vom Mann und die ne-
gativen Folgen dieser Ungerechtigkeit für Frauen und
die Gesellschaft als Ganzes. Es wird Zeit, daß wir das
Haus- und Nutztier Hausfrau wieder auswildern und
dafür den Mann etwas domestizieren.

Wie wird die Arbeit der Hausfrauen in der deutschen
Sprache abgebildet?

Alle Beiträge des obengenannten Buchs sind sich darin
einig, daß die Sprache, mit der über Hausarbeit geredet
wird, verändert werden muß. Zur Sprachkritik im ein-
zelnen:

Die Hausfrauenarbeit wird unsichtbar gemacht

> »Meine Frau arbeitet nicht, sie kümmert sich um den
> Haushalt und die Kinder«
> »Nach der Babypause/dem Erziehungsurlaub fällt es
> schwer, im Beruf wieder Fuß zu fassen«

Solche Aussagen, die der undankbaren Schwerarbeit im
Haushalt auch noch frech das Prädikat »Arbeit« ab-
erkennen, werden von Hausarbeiterinnen immer wieder
wütend kritisiert.

In den 70er Jahren erlebten wir einen sprunghaften
Anstieg neuer Arten von Arbeit: Neben »Beziehungs-
arbeit«, »Sexualarbeit« und »Trauerarbeit« bekamen
wir »Erwerbsarbeit« – erfunden als Pendant zur Hausarbeit. Menschen waren nicht mehr »arbeitslos«, sondern
höchstens »erwerbslos« – eine wichtige sprachliche
Korrektur gegen verworrenes Denken. Es ist ein wir-
kungsvoller sprachpolitischer Schachzug, einen Unter-

begriff (hier: »Erwerbsarbeit«), der sich den Status des Oberbegriffs (hier: »Arbeit« schlechthin) anmaßt, durch Relativierung vom Sockel zu holen.

Die Hausarbeit wird trivialisiert

Genau wie die Frau wird auch die Hausarbeit, wenn sie nicht unsichtbar gemacht wird, zumindest trivialisiert. Schon in den 60er Jahren wußte Johanna von Koczian ein Lied davon zu singen, das vielen bis heute aus der Seele spricht:

> »Das bißchen Haushalt macht sich von allein,
> sagt mein Mann.
> Das bißchen Haushalt kann so schlimm nicht sein,
> sagt mein Mann.
> Wie eine Frau sich überhaupt beklagen kann, ist un-
> begreiflich,
> sagt mein Mann.
> …« (undsoweiter)

Oft nimmt die Trivialisierung auch die Form eines Lobs an: Da wird »das Essen auf den Tisch gezaubert« – Arbeit scheint nicht involviert zu sein. Diese Sicht- und Redeweise ist sogar bei den Hausfrauen selbst verbreitet. Was die Hausfrau in aller Regel aber auf die Palme bringt, ist der Ausdruck »Nur-Hausfrau«. »Nur« hat bekanntlich zwei Bedeutungen, die sich mit »ausschließlich« auf der einen und »lediglich« auf der andern Seite paraphrasieren lassen.

> Die Duse trank nur/ausschließlich Champagner.
> Der Schal kostet nur/lediglich 7 Euro.

Da die Hausfrau gewöhnt ist, geringgeschätzt zu werden, ist es kein Wunder, wenn sie in den eigentlich »unschuldigen« Ausdruck »Nur-Hausfrau« (der besagen soll, daß sie ausschließlich Hausarbeit leistet, nicht auch noch

Erwerbsarbeit) ihre Geringschätzung hineinliest: Sie sei »nichts Besseres«, sondern *nur = lediglich*: Hausfrau.

Therapievorschläge: Aufwertung durch Umbenennung, »Neukonzeptualisierung«, Sprachkosmetik

Neue Bezeichnungen für die Hausfrau und die Hausarbeit

Statt »Hausarbeit« hat sich »Familienarbeit« durchgesetzt – um der Komplexität dieser Arbeit besser gerecht zu werden, die oft Erziehung und Pflege einschließt. Das ungeliebte Wort »Hausfrau« wurde durch »Familienfrau« oder »Familienmanagerin« ersetzt. »Managerin« hat derzeit, trotz der vielen Spitzenmanager, die sich auf Kosten der »kleinen Leute« schamlos bereichern, noch immer positive Assoziationen. Falls es mit dem Image der Manager weiter bergab geht, hätte ich noch den Vorschlag »Familienchefin« beizusteuern. Oder wie wär's mit »Familienkapitänin« analog zu »Industriekapitän«: die Familie wird als Schiff konzeptualisiert, das die Kapitänin sicher durch alle Fährnisse steuert.

Meine Meinung über die Hausarbeit

Alle großen feministischen TheoretikerInnen – von John Stuart Mill und Harriet Taylor Mill und Charlotte Perkins Gilman über Simone de Beauvoir, Iris von Roten, Betty Friedan und Kate Millett bis hin zu Gloria Steinem, Janet Radcliffe Richards, Alice Schwarzer und Susan Faludi haben sich eingehend zur Hausarbeit geäußert und der Frau durchweg dringend davon abgeraten. Hausarbeit gemacht haben sie konsequenterweise vermutlich nicht besonders viel. Simone de Beauvoir hielt ihre Kleidung und Wohnung in Ordnung, aber nicht auch noch die von Sartre. Und sie riet den Frauen nachdrücklich, nicht in die beiden Hauptfallen zu tappen, die das Patriarchat für uns aufgestellt hat: erstens die Ehe, zweitens die Mutterschaft.

Die Frauen haben sich in den letzten 30 Jahren an diesen Rat gehalten. Ob sie auf die Feministinnen gehört haben oder von selbst darauf gekommen sind, daß sie als Ehefrau auch noch *seine* Hausarbeit erledigen müssen und als Mutter auch noch die der Kinder, meist ohne dafür Geld oder auch nur Anerkennung zu bekommen, sei dahingestellt. Jedenfalls nimmt die Zahl der Geburten ständig ab und die der Einpersonenhaushalte ständig zu.

Ich selbst lebe auch in so einem Einpersonenhaushalt. Meine Hausarbeit erledige ich mehr schlecht als recht, sie macht mir keine besondere Freude, aber ich finde Tätigkeiten wie Kartoffeln schälen und den Boden wischen angenehmer, als Seminararbeiten zu korrigieren. Bei der Küchenarbeit kann ich mir interessante Bücher vorlesen lassen. Auch unsere feministischen Urgroßmütter berichten von dieser Methode, sich die Hausarbeit zu versüßen: Ganze Romane wurden bei der Küchen- und Näharbeit vorgelesen.

Eine interessante Lösung fanden auch Coco Chanel, Janet Flanner und andere unabhängig denkende Frauen: Sie zogen ins Hotel. Chanel wohnte im Ritz, Flanner weniger herrschaftlich in einem Dachstübchen. Ihre Gäste empfing sie in der Bar des Hotels.

Ich käme nicht auf die Idee, für meine Hausarbeit einen Lohn vom Staat zu verlangen. Auch finde ich es überflüssig, für diese Arbeit neue schönfärberische Begriffe zu benutzen und statt »putzen« *Raumpflege* zu sagen und statt »Wäsche waschen, aufhängen und in den Schrank räumen« (Bügeln kommt bei mir nicht vor) *Textilmanagement*.

Meine Lebensgefährtin ist Amerikanerin; auch sie lebt in einem Einpersonenhaushalt, mehr oder weniger genauso wie ich, nur ist sie etwas ordentlicher. Die Hälfte des Jahres wohne ich bei ihr oder sie bei mir. Auch dann ist der Haushalt kein Problem. In den 17 Jahren unserer Partnerinnenschaft hat es darüber keinerlei Auseinandersetzungen gegeben. Es herrscht keine geschlechtsspezifische Arbeitsteilung, weil nur das weibliche Geschlecht vorhanden ist. Folglich fehlen auch sämtliche Probleme, die mit dieser Arbeitsteilung verbunden sind.

Sagen wir es doch gleich klar und deutlich: Das Problem bei der Hausarbeit sind die Männer, die diese nur leisten, wenn es nicht anders geht. Also etwa in ihrem Single-Haushalt oder wenn die Frau droht, sie andernfalls zu verlassen. Die einzigen partnerschaftlich agierenden Ehemänner, die ich kenne, sind solche, denen ihre Frau keine andere Wahl ließ.

Daraus folgt für Frauen: Wenn wir unbedingt einen gemeinsamen Hausstand gründen wollen – besser nicht mit einem Mann. Das gibt nur den bekannten Ärger. Es kostet ungeheure Anstrengung, den normalen Mann zum Partner zu erziehen.

Und die Kinder? Wenn wir nun aber Kinder haben oder haben wollen?

In den Industrienationen – und um diese geht es hier – ist keine Frau mehr gezwungen, Kinder zu bekommen und großzuziehen. Wenn sie Kinder will, muß sie sich von vornherein darüber klar sein, daß dies ein Luxus ist, für den sie teuer bezahlen muß, mit viel Zeit und viel Geld. Auf die Unterstützung des Vaters oder von Vater Staat kann sie nicht zählen. Aber wie wir alle wissen, sind Kinder nicht nur eine zeitliche und geldliche Belastung, sondern auch eine immense Bereicherung des Lebens – wenn alles gutgeht.

Lösungsvorschläge unserer radikalen Urgroßmütter

Zwei Radikale der sogenannten ersten Frauenbewegung, Lily Braun in Deutschland und Charlotte Perkins Gilman in den USA, entwickelten um 1900 Vorschläge, die mir sehr eingeleuchtet haben:

Gegen die Hausfrauenmisere plädieren sie für flächendeckende kollektive Haushalts-Service-Einrichtungen (Gemeinschaftsküchen, -wäschereien usw.), damit die Frau aus ihrem Haushaltskäfig befreit wird und in einer Welt ohne Apartheid sinnvollen, angesehenen und vor allem bezahlten Tätigkeiten nachgehen kann (vgl. Gilman, *Women and Economics,* 1898; Braun, *Die Frauenfrage,* 1901.) Bei Lily Braun gehören zu den Gemeinschaftseinrichtungen auch Kinderspielplätze, wo von den Eltern angestellte Erzieherinnen die Kinder betreuen sollten.

Von Vater Staat ist bei beiden nicht viel die Rede – sie haben ihn wohl aufgegeben.

Er würde unser Vertrauen wieder verdienen, wenn er eine Geschlechtsumwandlung vornähme, d. h., wenn *Frauen* die Mehrheit im Parlament und in der Regierung hätten, wie es der Bevölkerungsmehrheit in einer Demokratie zusteht. Aber »Mutter Staat« oder »Familienchefin Staat« ist ein anderes Thema ...

Februar 2004

Eva Herman
oder Wie frau einen Bestseller landet

Eben schickte mir eine Freundin folgende Mail:

> »Wie ist der Eva Herman beizukommen bzw. wie
> würdest du auf ihr Buch reagieren? Auch hier bei uns
> schlagen ihre Thesen Wellen – Natürlich viel Stoff für
> Konservative – ich denke aber auch, dass sie irgendwie
> den Nerv der Zeit trifft und sich viele Frauen vielleicht
> auch entlastet fühlen mit diesen Thesen.«

Ich schrieb meiner Freundin zurück:

… bis jetzt hatte ich Eva Hermans Thesen ignoriert – es
gibt so viel Wichtiges zu tun, nicht? Schon der Name
weckt Bedenken: Herr + Mann runtergekürzt auf her
man. Aber nun habe ich mir eben den Artikel in *Cicero*
durchgelesen.

Das sind doch alles uralte Hüte! Wie können die Leute da von »Thesen« sprechen? Ich entdecke keinen neu-
en Gedanken. Schöpfungsauftrag erfüllen, Frau an den
Herd und in die Kinderstube, der Mann hinaus ins
feindliche Leben. Steht doch alles schon in Schillers
Glocke und bei allen vorangegangenen Patriarchen
ebenso. Über Schillers *Glocke* haben sich vor 200 Jahren
schon Caroline Schlegel-Schelling und ihre Freundinnen kaputtgelacht.

Ich denke, Eva Herman ist eine gewitzte Medienfrau.
Sie weiß, daß sie mit diesen Thesen von anno dunnemals
in die Schlagzeilen kommt (Stichworte: Sommerloch,
Männermedien) und ihr Buch bestens verkaufen wird.
Ähnlich wie unser Günter Grass neulich diesen dollen
Coup gelandet hat, mit seinem späten Geständnis, daß
er bei der Waffen-SS war – rechtzeitig zum Erscheinen
seiner Memoiren. Nun ist sein Buch auf den allerersten

Bestsellerplätzen (bei Amazon Platz 21 am 4.9.06 um 10:10 Uhr; Eva Hermans *Eva-Prinzip* sogar weit vor ihm auf dem 6. Platz). Bei Eva Herman liegt wahrscheinlich der (kalkulierte) Reiz darin, daß sie intelligent, modern und sympathisch wirkt, auch optisch gut rüberkommt, wie Grass eine bekannte Figur ist – nun aber dermaßen Altbackenes aufwärmt, daß alle erschreckt und ungläubig (je nach Intelligenz und Nostalgie vielleicht auch triumphierend) losgackern.

So wie auch niemand Grass mit der SS hatte in Verbindung bringen wollen. Schockwirkung nach der Regel: *Any* publicity is *good* publicity. Das wußte schon Eva Gabor.

Gegen Eva Hermans alte Thesen empfiehlt sich Hedwig Dohms Buch *Die Antifeministen* aus dem Jahre 1901. Da das derzeit selbst antiquarisch nicht mehr greifbar ist, kann frau einige von Dohms Geistesblitzen auf www.hedwigdohm.de kennenlernen, ihre Werke online studieren (unter gutenberg.spiegel.de) oder sie runterladen.

Die Frau hat in der Küche versagt? – Kann der Mann nicht kochen?

Die Frau hat in der Kindererziehung versagt? – Kann der Mann keine Kinder erziehen?

Die Frau ist überarbeitet und unglücklich im Beruf? – Ja wenn sie auch noch den Pascha und die Kinder allein versorgen muß!

Die Frauen lassen sich massenweise scheiden? – Na endlich! Früher ging das nicht, weil sie finanziell von ihm abhängig war.

Die Deutschen sterben aus? – Ich denke, auf unserem Planeten tobt die Bevölkerungsexplosion?! Soll die Welt ausgerechnet am deutschen Wesen wieder genesen?

Undsoweiter!

Wenn dich die Wellen, die Eva Hermans Wiederkäuungen hervorrufen, zu sehr nerven, empfehle ich zur

Abwechslung und Erholung die Lektüre von Biographien von Frauenpaaren (Joey Horsley und ich haben in *Berühmte Frauenpaare* einige zusammengestellt). Die Alternative zum Miefa-Prinzip ist – seit Urzeiten – das Prinzip unbemannte Lebensfreude. Auch eine kräftige Dosis Hedwig Dohm hilft immer. Hier kommt Hedwich in einer hochwirksamen neuen Aufbereitung: *Ausgewählte Texte: Ein Lesebuch zum Jubiläum des 175. Geburtstages mit Essays und Feuilletons, Novellen und Dialogen, Aphorismen und Briefen.*

September 2006

Nachtrag: Als Soforthilfe gegen akute Übelkeit empfehle ich ein altes schönes Video zum Miefa-Prinzip: *Women – Know your limits!* (YouTube)

2. Nachtrag, ein Jahr später: Der NDR reagierte auf »polarisierende« Äußerungen Eva Hermans über leider abgeschaffte Werte der Nazizeit mit einem Rausschmiß. Die NPD hingegen gratuliert auf ihrer Webseite: »Bravo, Eva!«

Die Familien-Managerin 2007

Die Familien-Managerin 2007 wird gesucht mit einer ganzseitigen Anzeige in der *Hörzu*, die ja öfter für Heiterkeit in der ganzen Familie sorgt.

Diesmal haben *Hörzu* und die Firma Vorwerk einen Wettbewerb ausgeschrieben:

»Machen Sie mit! Wir suchen die Familien-Managerin 2007. Vorwerk und *Hörzu* unterstützen den wichtigsten Beruf der Welt: Die Familien-Managerin.«

Hörzu und Vorwerk haben nämlich erkannt, daß der »wichtigste Beruf« zugleich der undankbarste ist:

> »Viel Arbeit, wenig Lob: Über 15 Millionen Familien-Managerinnen erhalten so gut wie keine Anerkennung für ihre Leistung in der Familie. Das wollen wir ändern. Vorwerk und *Hörzu* suchen daher zum vierten Mal die Familienmanagerin des Jahres. Mit dieser Auszeichnung möchten wir Frauen und Männer ehren, die Außergewöhnliches für ihre Familien leisten …«

Putzige Idee, 15 Millionen unentlohnte Haussklavinnen dadurch würdigen zu wollen, daß mann einer Handvoll von ihnen Preise verleiht. Aber lassen wir diesen Werbegag mal beiseite. Verblüfft hat mich an dem Text vor allem dies: Auch ein Mann kann Familien-Managerin des Jahres werden und sich den »wertvollen Vorwerk-Smaragd« von der prominenten Jury persönlich aushändigen lassen. Habe ich richtig gelesen?

Ein Smaragd ist ja gut und schön, selbst wenn er von einer Staubsaugerfirma kommt – aber lohnt es sich für einen Mann, dafür öffentlich lächerlich gemacht zu werden? Als »Familienmanagerin des Jahres«?!

Warum suchen sie denn nicht *den* Familien-Manager des Jahres? Wir Frauen sind diese männlichen Bezeichnungen doch weiß Göttin gewöhnt und tragen sie in der Regel mit Anstand und ohne zu murren.

Anders dagegen die Männer: Die wollen bekanntlich ums Verrecken nicht Hebamme werden, nicht einmal Hebammerich, sondern höchstens Geburtspfleger usw.

Aber wenn die hochbezahlten Manager von *Hörzu* und Vorwerk das hartnäckige Fremdeln der Männer berücksichtigen und »den Familienmanager des Jahres« ehren würden, würden sie ja signalisieren, die unbezahlte Schinderei für Haushalt und Familie sei ein typischer Männerberuf.

Und das stimmt ja erstens nicht und soll zweitens auch um Himmels willen nicht so sein oder werden.

Wo kämen wir denn da hin. Schlimm genug, was Ursula von der Leyen uns schon alles zumutet mit ihren zwei Monaten Papa-Arbeit.

Bleibt also nur, den »mitgemeinten« Männern den Ehrentitel »Familienmanagerin des Jahres« anzudrohen. Das Problem kommt daher, daß man sprachlich zu hoch hinausgewollt hat, nach der Devise: Ist der Beruf beschissen, muß wenigstens die Berufsbezeichnung was hermachen, wie bei der Raumpflegerin. Wäre man bei der schlichten Bezeichnung *Hausfrau* geblieben, gäbe es dazu das Pendant *Hausmann* – inzwischen für den Herrn als tragbar anerkannt. Und der Titel wäre »Hausperson des Jahres«. Oder Hausmaus.

Juni 2007

Kunst und Kultur

Männlicher Kulturbetrieb im eigenen Saft

In das diesjährige Sommerloch fielen zwei Gedenktage deutscher Kulturgrößen von internationalem Format; Bachs 250. Todestag am 28. Juli und Nietzsches 100. Todestag am 25. August. Im Vorfeld zum Bachjubiläum lud mich die Musikjournalistin Birgit Kiupel zu einem Interview ein. Sie erinnerte sich, daß ich vor ca. 15 Jahren, passend zum damaligen 300. Geburtstag von Bach, zusammen mit Swantje Koch-Kanz eine wahrhaft erschöpfende Studie über Bachs Töchter erarbeitet hatte (»Die Töchter von Johann Sebastian Bach«, in: Luise F. Pusch (Hg.): *Töchter berühmter Männer: Neun biographische Portraits*. Frankfurt/M. 1988). Bach hatte nämlich mit seinen beiden Frauen Maria Barbara und Anna Magdalena Bach 20 Kinder, 9 Töchter und 11 Söhne. Von den 4 Töchtern der Bachs, die die Kindheit überlebten, ist kaum mehr bekannt als das Geburts- und Todesdatum, während 4 der 6 überlebenden Söhne Bachs bekanntlich achtbare Komponisten wurden, die stets als Beispiele für die Vererbung musikalischen Genies zitiert werden. Wir hatten uns gefragt, wie es Bach gelungen ist, sein Genie so zielgerichtet nur an die Söhne zu vererben. Und falls ihm das nicht gelungen ist – was wurde dann aus dem Genie seiner Töchter? Unser Fazit: Wenn Johann Sebastian die Ausbildung bekommen hätte, die er seinen Töchtern zukommen ließ, wüßten wir heute auch von ihm nichts.

Birgit Kiupel wollte nun wissen, was die Reaktion der Bachforschung auf unseren Artikel war. Meine Antwort: Mir ist keine Reaktion bekannt. Es ist, als hätte es ihn nie gegeben. Unserem Aufsatz über die Töchter Bachs ging es wie den Töchtern selbst: In Frauenkreisen ist er wohlbekannt, und so fristet er ein bescheidenes Dasein, überlebt im stillen arm, aber reinlich, sozusagen. Für die Männer-Bachforschung hingegen scheint er vollkommen irrelevant, obwohl – oder weil? – er beunruhigende Fragen über Bach als Mensch, Vater und Ehemann aufwirft. Bachs beispiellose Fahrlässigkeit kann auch nicht einfach mit dem damaligen »Zeitgeist« entschuldigt werden, denn sein Zeitgenosse Händel kümmerte sich sehr gewissenhaft um seine weiblichen Verwandten (vgl. Swantje Koch-Kanz und Luise F. Pusch: »Dorothea Händel (1651-1730): Jederzeit ruhig, vergnügt und Christ-friedlich gelebet?«, in: Luise F. Pusch (Hg.): *Mütter berühmter Männer: Zwölf biographische Portraits*. Frankfurt/M. 1994).

Nun zu dem anderen Todesjubilar, Friedrich Nietzsche. Im letzten Augustdrittel überschlugen sich die dritten Radio-Programme mit Sendungen über Nietzsche und häppchenweisen Lesungen seiner Werke. Zwei Dinge waren allen Nietzsche-Betrachtungen gemeinsam: Sie stammten von Männern, und sie wiederholten die alte Häme über seine Schwester Elisabeth, die sein Werk bis zur Unkenntlichkeit entstellt habe und so verantwortlich sei für die unselige Verbindung zwischen Nazis und Nietzsche. Diese Unisono-Verteufelung Elisabeth Förster-Nietzsches aus Männermund kam mir schon vor 20 Jahren verdächtig vor, und für meinen Band *Schwestern berühmter Männer* bat ich den Nietzsche-Kenner Klaus Goch um einen Beitrag (vgl. Klaus Goch: »Elisabeth Förster-Nietzsche (1846-1935): Ein biographisches Portrait«, in: Luise F. Pusch (Hg.): *Schwestern berühmter Männer: Zwölf biographische Portraits*. Frankfurt/M. 1985). Er recherchierte ihre Lebensgeschichte mit Empathie und resümiert, Elisabeth habe durch die Sammlung aller Lebenszeugnisse des Bruders die Grundlage für seinen Weltruhm erarbeitet. »Über alle Kritik an ihren Fälschungen und Verfälschungen hinweg müssen einige notwendige Fragen gestellt werden: welchen Weg wäre Elisabeth gegangen, wenn sie ihre Begabungen ... systematischer einsetzen und jene Bildungsinstitutionen hätte in Anspruch nehmen können, die dem Bruder selbstverständlich offenstanden?«

Mit wachsendem Ärger verfolgte ich während des Zuhörens die immer gleiche unqualifizierte Verurteilung der »gräßlichen« Schwester, des »Lamas«, wie Nietzsche sie nannte. So als hätte es den Artikel von Klaus Goch nie gegeben. Sogar Nietzsches Mutter, Franziska Nietzsche, die sich bis zur Erschöpfung um den an syphilitischer »Gehirnerweichung« zugrunde gehenden Sohn gekümmert hatte, bis sie 1897 starb, bekam ihr Fett ab. Überhaupt wurde gern wiederholt, daß der arme Nietzsche, das junge Genie, in einem »reinen Frauenhaushalt« aufwuchs, mit Mutter, Schwester, Großmutter und zwei Tanten. Ist das nicht furchtbar?

Vielleicht war es aber gerade dies Aufwachsen unter Frauen, das sein Genie förderte, wie es bei anderen »großen Männern« auch der Fall war, z. B. Kepler, Händel, Hölderlin, Schopenhauer, C. F. Meyer, Raabe, Churchill (vgl. Luise F. Pusch: »Nachwort: Wäschepakete für Hölderlin, Wurstpakete für Raabe oder Bürde ohne Würde«, in: Luise F. Pusch (Hg.): *Mütter berühmter Männer: Zwölf biographische Portraits*. Frankfurt/M. 1994).

Welche Schlüsse ziehen wir aus diesen Erlebnissen mit unserem deutschen Kulturbetrieb?

Ich gestehe, ich bin enttäuscht und ernüchtert. Ich hätte nicht gedacht, daß diese beiden interessanten, innovativen Arbeiten zur Bachschen und Nietzscheschen Familiengeschichte so folgenlos bleiben würden.

Aber es stimmt ja nicht – sie waren ja gar nicht folgenlos. Von Frauen wurden sie sowohl wahrgenommen als auch nachgefragt, verbreitet und diskutiert. Birgit Kiupel sendete ihr Interview, Marie-Luise Blatter vom *Basler Magazin* brachte zum Gedenktag auf einer Doppelseite den Artikel über Bachs Töchter, woraufhin die Basler Frauenbeauftragte Ingrid Rusterholtz mir einen begeisterten Brief schrieb – um nur einige Reaktionen zu nennen.

Vielleicht liegt der Fehler überhaupt bei mir: Ich höre immer noch zu viele Sendungen von Männern über Männer. Ich sollte mir das andere Geschlecht zum Vorbild nehmen und seine Produktionen konsequent ignorieren: Das erspart jede Menge Ärger.

September 2000

Klaus-Mannhaft

Im März hörte ich mich durch sämtliche 13 CDs der Hörbuchversion von Klaus Manns Autobiographie *Der Wendepunkt*, sehr schön und sensibel vorgetragen von Ulrich Noethen. Spannend und faszinierend!

Klaus Mann, Jg. 1906 (noch so ein Hunderter-Jubilar, aber er ist erst im November dran), hatte das Privileg, in der Nähe eines Genies aufzuwachsen. Nicht, was Sie jetzt denken, ich meine seine Urgroßmutter, Hedwig Dohm (1831-1919), die bedeutendste deutsche Denkerin im 19. Jahrhundert. Als sie starb, war Klaus 13 – er wird sie also schon mal wahrgenommen haben, obwohl sie bei ihrer Tochter Elsbeth Rosenberg in Berlin lebte und Klaus in München.

Klaus Mann redet im Kindheitsteil seiner Erinnerungen mit großer Wärme von seiner Familie, auch von seiner Großmutter Hedwig Pringsheim. Seine Urgroß-mutter Hedwig Dohm erwähnt er mit keiner Silbe.

Das ist so, wie wenn ein Urenkel von Marie Curie in seiner Autobiographie vergessen würde, sie auch nur zu erwähnen, von Sich-Brüsten wollen wir ja gar nicht reden!

Wie konnte das geschehen? Ich habe es mir zunächst so erklärt: Als Klaus Mann seine Erinnerungen auf-schrieb, war die gesamte Frauenbewegung in Verruf oder in Vergessenheit geraten, auch mit Hilfe der Nazis, die Klaus so heftig bekämpfte. Auch seines jüdischen Erbes mochte Klaus sich nicht recht erinnern ...

Aber auch sein Bruder Golo vergaß gänzlich, seine phantastische Urgroßmutter in seinem Werk *Deutsche Geschichte im 19. und 20. Jahrhundert* zu erwähnen, ob-wohl sie eine treibende Kraft der ersten Frauenbewegung war, die Golo ebenfalls nicht erwähnenswert fand. Das Buch erschien 1958, damit erledigt sich die Erklärung »er wollte nicht mit den Nazis in Konflikt kommen«.

Nein, es liegt wohl doch an der Mannhaftigkeit der Mann-Brüder. Sie fanden die Frauenbewegung und da-mit das, wofür ihre Urgroßmutter ihr Leben lang ge-kämpft hat, einfach nicht wichtig.

April 2006

Damen auf der *documenta*

Gestern war ich beim Stifterinnentreffen des Archivs der deutschen Frauenbewegung in Kassel. Die Vorstel-lungsrunde ergab ein Durchschnittsalter von Mitte Sechzig, viele waren emeritierte Professorinnen. Of-fenbar hat frau erst mit höherem Status und Alter die

Mittel und die Einsicht, eine bedeutsame Summe für den edlen Zweck zu stiften, daß die Geschichte der Frauenbewegung wissenschaftlich aufgearbeitet und ihre schriftlichen Hinterlassenschaften fachgerecht archiviert werden.

Abschluß des Treffens sollte ein Besuch der *documenta* 12 unter fachfraulicher Führung sein.

Ich habe diese männlichen Selbstfeiern bisher alle gemieden, sogar 1997 die zehnte – und erste von einer Frau, Cathérine David, kuratierte – *documenta*. Auch die zeigte doch überwiegend Männerkunst. Aber da wir nun schon mal dorthin geführt werden sollten, hatte ich mich mit Hilfe einer *aspekte*-Spezial-Sendung ein wenig informiert, auch fand ich im Hotel eine Zeitschrift zur *documenta* und bildete mich weiter fort.

In der Pause unterhielten wir uns bei Kartoffelsuppe und leckeren Schnittchen schon mal über die *documenta*. Ich erzählte, ich sei völlig platt, ja geradezu verstört, daß da so viele Werke von Frauen ausgestellt würden. Aber niemand machte das eigentlich zum Thema. Die *aspekte*-Sendung hätte darüber kein Wort verloren, eine andere Sendung auch nicht. Dabei sei das doch nach der Kanzlerinnenschaft Merkels eins der bemerkenswertesten Fakten der jüngeren Geschichte. Ob sich die Jungs vielleicht schämten und die Schmach gar nicht erst an die große Glocke hängen wollten?

»Nein, das stimmt nicht, die Medien gehen sehr wohl darauf ein, aber nicht wie sonst«, widersprach Inge von Bönninghausen, ihrzeit WDR-Redakteurin und Moderatorin des besten TV-Magazins der Republik, *frautv*. Und sie erzählte uns von einem Artikel in der *Frankfurter Rundschau*. Immer nur Namen von Künstlerinnen, den halben Artikel hätte sie schon gelesen und immer gedacht, alles nur Frauen hier, und die Autorin verliert kein Wort darüber? Dann aber kam der Kommentar doch, dick und deutlich. Und diesen Trick hätte sie dann nachträglich ganz phantastisch gefunden, daß die Autorin erst mal die ganze Zeit so tat, als ginge es um, um ...« Inge suchte nach dem passenden Ausdruck.

»... um ganz normale Künstler?« schlug ich vor. »Genau!« rief Inge. »Als ginge es um ganz normale Künstler«.

Wir alle konnten uns vor Lachen nicht mehr einkriegen.

Ich schreibe dies eine halbe Stunde nach Verleihung des Bachmannpreises an Lutz Seiler. Alle fünf Preise des Bachmann-Wettbewerbs gingen heute an Männer: Die Frauen waren diesmal auch unter den Wettlesenden gar nicht sehr stark vertreten: Nur vier von 18, also 22 Prozent (aber das ist immer noch mehr als der Anteil der Künstlerinnen bei den meisten *documentas*). In der Jury waren sie immerhin vier von neun (44 Prozent), und den Jury-Vorsitz hat seit 2003 Iris Radisch von der *Zeit*. Am stärksten waren die Frauen aber diesmal als Steigbügelhalterinnen der Männer: Die vier Männer, die die fünf Preise unter sich aufteilten (Peter Licht bekam außer dem 3sat- auch noch den Publikumspreis), waren bis auf einen von Frauen vorgeschlagen worden. Von den fünf männlichen Juroren brachte nur ein einziger (Mangold) einen Kandidaten durch (Böttcher).

Vor diesem düsteren Hintergrund nun hebt sich die diesjährige *documenta* als eine erholsame Insel ab: Eine Frau, die Kuratorin Ruth Noack, setzte sich für Frauen ein, und ihr Lebensgefährte Roger M. Buergel unterstützte sie darin – 51 von 111 ausgestellten Werken sind von Frauen. Das Kulturestablishment beäugte, so erfuhr ich durch *aspekte*, die Aktivitäten der Frau und dann auch des Paares mit Argwohn, es schien so etwas wie usurpierte, nicht rechtens vergebene Macht, wie einst bei Bill und Hillary.

Inge von Bönninghausen erzählte folgende Anekdote: Pressekonferenz mit Roger M. Buergel. Er erschien in einem roten T-Shirt und wurde gefragt, ob das ungewöhnliche Kleidungsstück auch etwas besagen solle. Nein, sagte er freundlich, er hätte nur keine Zeit gehabt, sich ein frisches Hemd zu bügeln.

Diese Antwort sage doch alles aus über den Mann. Nicht: er habe sich kein Hemd bügeln lassen können. Auch nicht: seine Frau hätte keine Zeit zum Bügeln gehabt. Sondern: er selber! Auch hätte er seiner Kleidung nicht ad hoc eine tiefe Bedeutung angedichtet, wie es normale Kulturmatadoren wie Karasek wohl getan hätten.

Noack & Buergel wurden uns immer sympathischer. Die Erwartung stieg.

Unsere *documenta*-Führerin begrüßte uns wie folgt: »Ich weiß, ich soll Ihnen heute Kunst von Frauen vorstellen, aber darf ich vielleicht auch hin und wieder ein ganz klein wenig Männerkunst beimischen?« Einige murrten, die meisten aber zeigten sich gutmütig – beide Reaktionen typisch für unser gereiftes Alter. Jüngere Feministinnen halten es oft für uncool, sich schlicht und kompromißlos für Frauen zu interessieren und einzusetzen. So »verbissen« wollen sie nicht sein oder erscheinen. Wir Älteren aber »haben nun genug Elend gesehen«, und unser Ansehen in der Männerwelt ist uns weitgehend schnurzpiepe, da sie über unsere Karrieren nicht mehr zu entscheiden haben.

Wir haben die Ausstellung sehr genossen. Es lohnte sich diesmal wirklich. Auch ein paar Männerwerke gefielen uns sehr, besonders die vielen menschenfreundlichen Stühle aus China, auf denen wir uns, schier erschlagen von der Kunst so vieler Frauen, häufig ausruhten.

Juli 2007

Liebe

Jüngere Geliebte

Gestern waren wir bei unseren Freundinnen Berit und Angelika zum Abendessen und *Topwords*-Spielen eingeladen (*Topwords* ist eine empfehlenswerte Variante von *Scrabble*, gibt's manchmal sehr günstig bei Woolworth). Juanita, die seit drei Jahren Witwe ist, war die Fünfte im Bunde.

Berit erzählte, sie hätte neulich eine schöne Erzählung von Elke Heidenreich gelesen, eigentlich fände sie Heidenreich nicht so gut, aber diese Geschichte hätte ihr gut gefallen, sie hieße *Die schönsten Jahre*. Ich sagte, die Geschichte wäre auch verfilmt worden, wäre letzten Sommer im Fernsehen gelaufen, ich hätte sogar eine Glosse darüber geschrieben (s. S. 29 f.), weil die TV-Zeitung über den lesbischen Inhalt kein Wort verloren hätte. Elke Heidenreich hätte sich auch distanziert und gesagt, der Film sei kein Lesbenfilm, die Frauen täten sich gut, sie tobten nicht durch die Betten, der Film tobe durch die Seelen.

Ach, seufzte Juanita, wenn es doch mal durch die Betten tobte. Sie sei neulich bei Helga und Doris gewesen, ein paar andere Frauen wären auch da gewesen, plötzlich wären zwei im Nebenzimmer verschwunden. »Um durch die Betten zu toben!« riefen Joey und ich wie aus einem Munde. Ach was, sagte Juanita, sie waren am Computer und schickten eine Anzeige für mich an die *HAZ*. Oder sogar zwei.

»An die *HAZ*«, sagte Berit, »das ist ja wohl die falsche Zeitung. Vor 30 Jahren wollte ich da eine Frau-sucht-Frau-Anzeige schalten, das haben sie strikt abgelehnt. »Heute nicht mehr«, berichtete Juanita.

Es kam schließlich heraus, daß Berit und Angelika sich auch durch eine Anzeige kennengelernt hatten, wie überhaupt die meisten Lesben, die sie kannten, wenn sie sie mal systematisch durchgingen.

Und wie ist dann die Geschichte mit den Anzeigen weitergegangen, wollten wir wissen. »Es meldeten sich zwei Frauen und drei Männer. Die Frauen wollten mit mir in die Oper gehen und so was.«

»Wunderbar – hast du sie denn getroffen?« »Nein, in die Oper gehe ich lieber alleine.«

»Und die Männer – wieso haben sich denn überhaupt Männer gemeldet?« »Keine Ahnung.« »Ja was stand denn in den Anzeigen?« »In der einen stand ›Frau sucht Freundin für Freizeitgestaltung‹, in der anderen ›Frau, Mitte 60, sucht jüngere Geliebte‹.«

Als ziemlich monogame Lesben kamen wir nicht gleich darauf, was die Männer in der zweiten Anzeige gelesen hatten: »Frau sucht nicht *eine* jüngere Geliebte, sondern mehrere jüngere Geliebte, Männer natürlich, was sonst.« Von der mit eingeladenen männlichen Konkurrenz hatten sie sich nicht abschrecken lassen, vielleicht sogar im Gegenteil.

»Deine Freundinnen hätten vielleicht linguistischen Rat gebraucht«, sagte ich. »Und wie waren nun die Herren?« »Eigentlich ganz nett«, sagte Juanita, »aber ich konnte sie ja nicht gebrauchen.«

Nicht um damit nach Lesbenart durch die Betten zu toben – da mußten wir ihr recht geben.

April 2007

Merkel

Merklich besser

Neulich telefonierte ich mit einer Freundin aus Annaberg im Erzgebirge.

»Und was sagst du zu Merkel?« fragte ich die Autorin des Merkel-Porträts auf meiner frauenbiographischen Webseite *FemBio*. »Ach, ich weiß nicht«, sagte Almut resigniert. »Der passendste Kommentar scheint mir noch: Sie wollte Kanzler werden, nicht Kanzlerin. Für Frauen hat sie nix getan und wird sich durch sie auch nichts bessern.«

Ich widersprach entschieden: »Wenn sie sich offen für Frauen stark gemacht hätte, wäre sie doch nie Kanzlerin geworden. Nie hätten die Jungs sie dann hochkommen lassen.«

»Das stimmt wohl«, sagte Almut.

Ich finde, Merkel hat für Frauen bereits dadurch viel getan, daß sie den enormen Streß nicht gescheut hat, sich gegen all ihre machthungrigen männlichen Konkurrenten zu behaupten und durchzusetzen. Damit setzt sie einen Meilenstein in der deutschen Geschichte. Die nächste Kanzlerin wird es leichter haben.

Oft höre ich von Merkelgegnerinnen und -gegnern: »Aber Frau allein genügt doch nicht! Da müssen doch Inhalte dahinterstehen!«

Die so argumentieren, übersehen noch immer, daß Mann allein sehr wohl genügt, daß »Männlichkeit« der tragende Inhalt unserer ganzen Männerwirtschaft ist. Insofern *ist* Frau der bei weitem wichtigste politische Inhalt der Kanzlerinnenschaft Merkels.

Apropos Kanzlerinnenschaft, Kanzlerinnenamt und

Kanzlerinnenamtsminister, gar nicht zu reden von dem Kanzlerinnengatten: Die Kanzlerin wird eine Reihe von Sprachproblemen aufwerfen bzw. erstmals weithin sichtbar machen. Unsere Sprache zeigt jetzt überdeutlich, daß eine Frau auf diesem Posten einfach nicht vorgesehen war.

Ich habe schon im Vorfeld vorgeschlagen, das Problem nach dem Muster »Witwe/Witwer« und »Hexe/Hexer« zu lösen, eventuell läßt sich auch noch das Modell »Ente/Enterich« zur Inspiration heranziehen. Wir hätten demnach Schröder als Noch-Kanzler oder Kanzlerich und Merkel als Kanzle. Herr Sauer ist Kanzlegatte, Herr Kauder Kanzleamtsminister.

Ihr Vater predigte von der Kanzel; seine Tochter wird Kanzle – auch schön stimmig!

Seit Mitte letzter Woche wird der zukünftigen Kanzle die Richtlinienkompetenz verweigert, von SPD und Stoiber. Im Grundgesetz ist die Richtlinienkompetenz für den Kanzler festgeschrieben. Von Kanzlerin steht da nichts, und erst recht nix von Kanzle.

Es war in letzter Zeit immer die Rede von der K-Frage. Schon Brecht schrieb Geschichten vom Herrn K. Und nun haben wir eben eine Frau K, gar kein Problem. Kauder wird K-Amtsminister und Sauer K-Gatte. Entzückend schlicht.

Die »Regierungsmannschaft« braucht auch einen neuen Namen. Die Frauen im Kabinett haben bisher gegen ihre Vermännlichung meist nicht protestiert, aber der Kanzle traue ich zu, daß sie sich solche Peinlichkeiten verbitten wird. Interessant übrigens, daß die sechs Frauen des Regierungsteams von Anfang an feststanden, während sich die Jungs auf beiden Seiten wochenlang um die besten Plätze balgten.

Das spannendste an der neuen Situation ist aber dies ständige Gerede von der Augenhöhe.

Da Merkel wesentlich kleiner ist als die zehn Männer, die sie in ihrem Regierungsteam haben wird, läßt sich die gleiche Augenhöhe mit ihr für diese Armen nur durch Kniefall erreichen. Nur der kleine Schröder wäre auch ohne Kniefall etwa auf gleicher Augenhöhe mit Merkel gewesen. Und ausgerechnet er will nun nicht mehr!

Oktober 2005

Deutschlands beliebtester Politiker

»Deutschlands beliebtester Politiker – Ehe kaputt!« So die Titelschlagzeile der *Bild*-Zeitung vom 6. Juni 2006, die mir beim Einkaufen in unserer Fußgängerinnenzone auffiel. Dazu ein Bild von Christian Wulff, dem niedersächsischen Ministerpräsidenten.

Ich dachte, Deutschlands beliebtester Politiker wäre Merkel – laut ZDF-Politbarometer steht sie eindeutig an der Spitze der Beliebtheits-Skala. Aber da sie zugleich Politiker*in* ist, können die *Bild*-Männer sie vom Sockel kicken und – mit einem unschuldigen Grinsen sozusagen – ihren farblosen Geschlechtsgenossen Wulff auf Merkels Platz hochhieven: »Was regt ihr euch denn jetzt wieder auf? Ihr zetert doch seit Jahren, daß Merkel kein Politiker ist, sondern Politikerin. Also kann sie gar nicht der beliebteste Politiker sein!«

Das ist eine ganz neue Variante der Frauendiskriminierung durch Sprache, die ich an so prominenter Stelle noch nicht beobachtet habe. Wie ich schon vor 25 Jahren festgestellt habe, gibt es auf deutsch keine vernünftige und bequeme Art, den Gedanken auszudrücken, daß eine Frau in einer Sparte die Beste ist, unabhängig vom Geschlecht.

Besser als die Frauen *und* die Männer der Vergleichsgruppe. Nehmen wir zum Beispiel Ingeborg Bachmann, passend zu ihrem 80. Geburtstag am 25. Juni. »Sie war unter den deutschsprachigen Nachkriegslyrikerinnen und -lyrikern die bedeutendste« – eleganter können wir diesen einfachen Gedanken auf deutsch nicht zur Sprache bringen. Wie viel besser geht das auf englisch: »She was the best poet«, basta. Hingegen auf deutsch: »Sie war der bedeutendste Lyriker« – vermännlicht die Bachmann in unschöner Weise, »Sie war die bedeutendste Lyrikerin« – macht nicht klar, daß sie auch die männliche Konkurrenz hinter sich ließ.

Mit diesem Problem werden wir es in Zukunft sicher noch öfter zu tun bekommen, solange Merkel nicht nur an der Spitze des Staates steht, sondern auch an der Spitze diverser Ranglisten. Vorerst mal hat die *Bild*-Zeitung bewiesen, daß die Jungs nicht dumm sind und die Chancen nutzen, die ihnen die deutsche Männersprache bietet, Frauen mit Unschuldsmiene den Rang abzuerkennen und ihre Plätze mit Männern zu besetzen.

Juni 2006

Nachtrag am 7. September 2006: Eben höre ich, reichlich verspätet, daß Alice Schwarzer 2005 zum »Journalist des Jahres« gewählt wurde. Dazu soll sie auf ihrer Webseite bemerkt haben: »Zur Jahreswende habe ich persönlich gleich mehrere Gründe zur Freude: Gerade wählte die 40-köpfige JournalistInnen-Jury des ›Medium Magazin‹ mich zum ›Journalist des Jahres 2005‹ (nein, nein, die männliche Form ist in diesem Falle nicht als sexistisch zu verstehen, sondern will nur klarmachen: Es handelt sich um einen geschlechterübergreifenden Preis).«

Schade – das wäre doch *die* Gelegenheit gewesen, nunmehr das Wort »Journalistin« als geschlechterübergreifend neu zu definieren oder einzufordern, nach der Devise: Männer sind natürlich immer herzlich mitgemeint.

Alice Schwarzer scheint mit ihrem Kommentar auch nicht recht zufrieden gewesen zu sein. Jedenfalls ist er inzwischen nicht mehr aufzufinden. Er ist aber hier aufbewahrt.

Miteinander

Herrkömmliche und feministische Dissidenz:
Fünf Thesen

Am 23. Juni 2002 fand im Rahmen der Zürcher Fest-
wochen, die dem sowjetrussischen Komponisten Scho-
stakowitsch gewidmet waren, eine Podiumsdiskussion
zum Thema Dissidenz statt.

Eingeladen waren Wolfgang Fritz Haug, der Heraus-
geber des historisch-kritischen Wörterbuchs des Mar-
xismus, der Zürcher Psychoanalytiker Peter Schneider
und ich. Wir sollten jedeR zunächst ein Statement aus
unserer Sicht zum Thema Dissidenz abgeben.

In der Einleitung kündigte Konrad Rudolf Lienert,
der Initiator der Diskussionsreihe »Kontroversen«, mich
als radikale Feministin an. Ich denke, ich konnte meinem
Ruf mit den folgenden feministisch-verbissenen Thesen
ohne weiteres gerecht werden:

1. Dissidenz ist typischerweise eine Sache unter Männern – die alte Geschichte von Ödipus und seinem Papa,
die sich von Generation zu Generation wiederholt. Sind
Frauen beteiligt, werden sie gern übersehen und später
vergessen.

Zum Beweis:

1.1 Die machthabende Gruppe ist sowieso immer
männlich besetzt, wie ja auf unserem Planeten alle Macht
fest in Männerhand ist. Als Gegenpole von Dissidenten
sind besonders folgende Männermachtzentren aufgefallen:

– die Sowjetdiktatur und andere Militärdiktaturen
– die katholische Kirche

– Begründer von Lehrgebäuden samt ihren Schülern bzw. Jüngern (Marx, Freud, Gropius (Bauhaus-Schule), Schönberg (Zwölftonmusik) usw.)

1.2 Um gegen das Machtzentrum erfolgreich zu dissidieren, braucht es außer Sendungsbewußtsein, über das Frauen eher selten verfügen, erhebliche Ressourcen. Daran fehlt es bekanntlich den Frauen ebenfalls. Frauen *sind* vielmehr in der Regel die Ressource: Für die Helden der 68er Bewegung beispielsweise durften die Frauen im Hintergrund Flugblätter vervielfältigen, Kaffee kochen usw.; sie durften auch mit ihnen pennen, aber nicht mehr als einmal, denn »Wer zweimal mit derselben pennt, gehört schon zum Establishment«, wie es damals hieß. Wir dürfen getrost davon ausgehen, daß mit »wer« keine Lesben gemeint waren, daß vielmehr die Dissidenzhelden ihre Frauen nicht zur Bewegung zählten. Sie setzten sie eher mit Klopapier gleich, das auch nur einmal benutzt werden sollte. Die Frauen bewarfen schließlich die Machos entnervt mit den berühmten Tomaten, vielleicht war es auch nur eine einzige – jedenfalls entstand in dem Moment die Neue deutsche Frauenbewegung!

1.3 Einer der bekanntesten Dissidenten in der Sowjetunion war Andrej Sacharow, der für seinen heroischen Einsatz für die Menschenrechte mit dem Friedensnobelpreis geehrt wurde. Den Preis nahm seine Frau Jelena Bonner entgegen, da Sacharow keine Ausreisegenehmigung bekam. Sie hätte den Preis genauso verdient wie er, denn durch sie ist er eigentlich erst zu dissidentischer Einsicht gekommen. Sie hatte sich schon lange vor ihm engagiert und ging später mit ihm in die Verbannung. Sacharow allerdings hatte für die Machthaber und daher auch für das Nobel-Komitee als international angesehener Atomphysiker mehr Gewicht.

1.4 Zahllose dissidente Frauen, die gegen die Nazidiktatur kämpften, wurden lange nicht zu den Widerstandskämpferinnen gezählt, weil sie nicht mit der Waffe kämpften, sondern ihr Leben einsetzten als Kurierinnen, Schutz- und Unterschlupfgewährende usw.

1.5 Die friedliche Revolution in der DDR wurde getragen von vielen Frauen. Nach der Vereinigung waren diese Dissidentinnen der ersten Stunde so gut wie unsichtbar.

1.6 Die neuen Volksvertretungen im ehemaligen Ostblock sind wie die alten vor der sogenannten Wende auch bloß – Mannsvolksvertretungen: Nach der Wende waren in den Parlamenten sogar fast noch weniger Frauen zu sehen als vorher. In Polen z. B. verschärfte das neue Parlament sofort die Abtreibungsgesetze.

2. Feministische Dissidenz ist fundamentaler als herrkömmliche Dissidenz

Zum Beweis:

2.1 Das als naturgegeben oder gottgewollt verunkenntlichte Machtgefälle zwischen Männern und Frauen, gegen das der Feminismus dissidiert, wird von den meisten nicht einmal wahrgenommen. Zum Unrecht kommt also noch endlose Aufklärungsarbeit und Verspottung hinzu.

2.2 Kein Unrechtsverhältnis ist so alt wie das Patriarchat: 5000 Jahre. Das Unrecht ist so alt, daß es sich sogar in die Grammatik eingeschrieben hat. Die Frau ist in vielen Sprachen der Welt buchstäblich nicht der Rede wert: 99 Sängerinnen und ein Sänger ergeben auf deutsch zusammen 100 Sänger, und die Sängerinnen können selbst zusehen, wo sie geblieben sind. Formal wird die Frau als Anhängsel des Mannes gekennzeichnet: ›Sänger‹, ›Sänger-in‹.

2.3 Dissidenten kämpfen häufig um Menschenrechte und Demokratisierung. Von den Menschenrechten und der Demokratie war die Frau aber bis ins 20. Jahrhundert hinein in den meisten »Demokratien« ausgeschlossen. In der Menschenrechtserklärung der Französischen Revolution ist die Rede von »Freiheit, Gleichheit, Brüderlichkeit« – ihre Schwestern hatten die Brüder schon mal vorsorglich ausgeschlossen. Eine der ältesten europäischen »Demokratien«, die Schweiz, schaffte es bis 1971 nicht, den Frauen das Wahlrecht zuzugestehen.

2.4 Frauen, die sich an klassischen Menschenrechtsprojekten beteiligen wollten, zum Beispiel am Kampf gegen die Sklaverei, mußten schmerzlich erfahren, daß sie erst einmal um ihre eigenen Rechte kämpfen mußten, bevor sie sich für andere überhaupt erfolgreich einsetzen konnten. Aus dieser herben Erkenntnis entstand die US-amerikanische Frauenbewegung. Ihre späteren Führerinnen hatten sich 1840 zu einer Antisklaverei-Konferenz nach London begeben. Dort wurden sie wegen ihres Geschlechts ausgeschlossen. Acht Jahre später gründeten sie in Seneca Falls im Staat New York die amerikanische Frauenbewegung.

3. Feministische Dissidenz ist komplizierter als herrkömmliche Dissidenz.

Zum Beweis:

3.1 Der politische Gegner ist zugleich der Geliebte, der Ehemann, der eigene Sohn, denn – mit einem Wort der großen Schweizer Feministin Iris von Roten: Der Mann ist, ob er will oder nicht, im Patriarchat Angehöriger des herrschenden Kollektivs.

3.2 Und mit einem Wort der US-amerikanischen Sozialpsychologin Carol Gilligan: Das Patriarchat errichtet eine Hierarchie inmitten der Intimbeziehung.

4. Insofern Dissidenz im Gegensatz etwa zu revolutionären Bewegungen eher rational und gewaltfrei operiert,

ist feministische Dissidenz hinwiederum geradezu klassisch.

Die Intimbeziehung zum politischen Gegner verträgt sich schlecht mit grober Gewalt – zumindest Frauen scheinen das so zu sehen. Selbst diejenigen englischen Suffragetten, die sich selbst »militant« nannten, richteten ihre Gewalt nur gegen Sachen, niemals gegen Menschen. Menschliche Opfer hatten sie nur in ihren eigenen Reihen zu beklagen.

5. Eine Frau, die sich nicht zur Dissidentin entwickelt und statt dessen die frauenfeindlichen Ansichten ihrer Kultur verinnerlicht, ist in Gefahr, depressiv zu werden.

So weit meine fünf Thesen. Sie wurden von der männlichen Übermacht auf dem Podium gehörig angegriffen, hielten sich aber wacker. Das Publikum verhielt sich weder zustimmend noch dissident, es sagte vielmehr kein einziges Wort. Vielleicht lag es an der Hitze.

Ihre ganz eigene Art von Dissidenz bewies die Garderobenfrau, die der Veranstaltung beiwohnen mußte, weil sie im Foyer des Schauspielhauses stattfand. Während wir unsere kontroversen Thesen vortrugen und heftig debattierten, las sie in ihrer Boulevardzeitung.

Juni 2002

Integration, Macht und Schluckbeschwerden

»Heute morgen habe ich erst ein leckeres Frühstück und danach meine Blutdruckpille in mich integriert.« Nein, so sagen wir das nicht: Das Frühstück habe ich eingenommen oder mir einverleibt, die Pille geschluckt.

Dennoch: Da laut Duden »Integration« u.a. die »Eingliederung in ein größeres Ganzes« bedeutet, habe ich sicher sowohl mein Frühstück als auch die Pille in das größere Ganze namens Luise integriert. Ich selbst habe mich bei diesem Prozeß kaum verändert, wohl aber Frühstück und Pille, und zwar bis zur Unkenntlichkeit.

Zu der Vereinigung der beiden deutschen Staaten nach 1989 sagten viele enttäuschte Ossis, die BRD hätte die DDR geschluckt. Zumindest was den Namen betrifft, haben sie recht: Das neue »integrierte« Gebilde heißt wie der mächtigere der beiden vorigen Teilstaaten: BRD.

Integration ist oft nur ein Geschlucktwerden des Kleineren durch das Größere. Aber »Integration« klingt abstrakter und friedlicher. Je nach Größe und Zusammensetzung kann das Geschluckte dem Größeren Schluck- oder Magenbeschwerden verursachen. Manchmal überfrißt sich das Größere und erholt sich nicht wieder. Fortlaufend geschieht dies zum Schaden aller in der Wirtschaft – Musterbeispiel ENRON.

Musterbeispiele im Sinne des Schluck-Modells der Integration sind auch das traditionelle Eherecht und die traditionelle Männersprache: In der Ehe nach altem Recht wurden Mann und Frau »eine Person« – und diese Person war der Mann: Im 19. Jahrhundert wurde die Frau durch die Ehe zum Besitz des Mannes; sie »schenkte« ihm Kinder, die rechtlich ebenfalls ihm gehörten. Die Sprache machte dies noch einmal deutlich: Unter dem Namen des Eheherrn wurden alle Familienmitglieder zu einem Ganzen zusammengefaßt, integriert. Begraben wurden sie unter *einem* Stein, auf dem z. B. stand *Familie (oder Eheleute) Karl Müller.*

Und eine Gruppe von Frauen wurde symbolisch zu einer Männergruppe, sowie ein einziger Mann hinzukam – im Französischen genügt sogar ein männlicher Hund. Sie kennen das oft zitierte Beispiel: »99 Schweizerinnen und ein Schweizer sind zusammen 100 Schweizer«. Gegen diese Art von Integration protestieren Frauen weltweit seit 30 Jahren und bestehen auf Differenzierung statt Schluck-Integration.

Angesichts wachsender Flüchtlingsströme wird die Frage »Welches Modell können wir dem Schluckmodell entgegensetzen?« immer dringlicher. Meine Idee: Nicht Gleichschaltung, sondern Lob der Vielfalt. Vielfalt ist Reichtum, ist normal und willkommen.

Ein berühmtes Schweizer Buch aus den 70er Jahren beginnt mit dem Satz: »Ich bin jung, reich und gebildet – und ich bin unglücklich, krank und allein.« (Fritz Zorn, *Mars*). Der Autor gehört also nicht nur der Gruppe der Bevorzugten, sondern gleichzeitig der Gruppe der Benachteiligten an. Ich habe diesen Satz nie vergessen und verwende ihn in Diskussionen über die Ungerechtigkeit der Welt gern als Beispiel.

Wir alle haben so viele Eigenschaften. Und mit jeder dieser Eigenschaften gehören wir einer Gruppe von Menschen mit denselben Eigenschaften an. Die Zugewanderten mögen eine andere Sprache sprechen als ich, aber viele sind ältere Menschen wie ich, sind Frauen, Mieterinnen, Übergewichtige, Feministinnen, Nichtmotorisierte, Musikliebhaberinnen wie ich. Durch diese Vielfalt von Eigenschaften, die wir mit vielen anderen teilen, sind wir alle bereits völlig und bestens vernetzt und integriert, wir müssen es uns nur viel besser bewußt machen.

November 2006

Der Duft von Männern – nicht gefragt

Vor kurzem bekam ich eine Mail von Petra Öllinger, die den Literatur-Blog *Duftender Doppelpunkt* betreibt. Sie bat mich um Verlinkung auf die Kategorie »Frauen und Literatur«. Wer hätte gedacht, daß ihre freundliche Anfrage weiteren Gesprächsstoff zum unerschöpflichen Thema »Macker in der IT-Branche« liefern würde!

Ich benutze für meine Mails das Programm Gmail von Google; es hat den Vorteil, daß ich meine Mail von überall abrufen kann. Ein Nachteil ist, daß Google-Roboter alle meine Mails lesen und sie in der rechten Spalte mit Anzeigen garnieren, die sie für passend halten. Wenn mir eine Freundin aus Wien schreibt, finde ich daneben z. B. Anzeigen von Wiener Hotels.

Die Mail vom *Duftenden Doppelpunkt* war verunziert mit folgenden Anzeigen:

»Getragene Unterwäsche
Alles zum Thema Unterwäsche Auktionen bis zu 80 % günstiger!
Getragene Slip
Finden Sie Getragene Slip Getragene Slip-Artikel hier.«
(usw., die URLs habe ich entfernt)

Ich fragte mich, wie Petra Öllingers unschuldiger Literatur-Blog bei den Google-Robotern den Griff nach getragener Unterwäsche ausgelöst hatte. Eines der Schlüsselwörter, auf das sie reagierten, war vermutlich das Wort »Duft«.

Um herauszubekommen, was da abging, schrieb ich mir selbst ein paar E-Mails mit diversen Schlüsselreizen. In der Betreffzeile stand jeweils »duftend«, als Mitteilung schrieb ich zunächst »duftende Kommata«. Das erbrachte u.a. folgende Anzeigen:

»Syntax error Errors
Download a Free Scan & Repair Javascript Errors Instantly!
Projekt Deutsch lernen
Deutsch für Studium und Beruf TestDaF- und DSH-Vorbereitung«

Damit hatte ich keine Probleme. Nächster Test: Mitteilung: »duftende Blumen«
Ergebnis:

»The Rosen Group, Inc.
Real Estate Development/Management
Kordes-Rosen-Shop
märchenhafte Sorten, blütenreich und pflegeleicht.«

Kann ich auch mit leben.
Nächster Test: Mitteilung: »duftendes Grün, viele Frauen«
Ergebnis:

»Getragene Unterwäsche
Alles zum Thema Unterwäsche Auktionen bis zu 80 % günstiger!
Getragene Slip
Finden Sie Getragene Slip Getragene Slip-Artikel hier.
Frauen aus Russland
Ihre Traumfrau finden Sie bei Partnervermittlung xyz
Weitere Informationen zu
Getragene Slip
Getragene Unterwäsche
Gebrauchte Unterwäsche
Gebrauchte Wäsche«

Alles klar. Zu der Kombination »duftend« und »Frauen« fällt den Robotern bzw. ihren Programmierern nur gebrauchte Unterwäsche ein.

Bei Wikipedia las ich dann den langen Artikel über Fetischismus. Sie teilen mit, man glaube allgemein, daß hauptsächlich Männer dazu neigen, aber wissenschaftlich bewiesen sei das keineswegs.

Ein kurzer Blick in die Welt des Films und der Literatur legt diesen Gedanken allerdings auch sehr nahe: Der Film *Der Duft der Frauen* wäre unter dem Titel *Der Duft der Männer* vermutlich ein totaler Flop gewesen. Süskinds Bestseller *Das Parfüm* handelt von einem »Künstler«, der davon besessen ist, den Duft von Jungfrauen zu einem Parfüm zu destillieren. Die Jungfrauen müssen natürlich sterben im Dienste seiner Kunst – das ist besonders verkaufsfördernd. Ich hatte nie Lust, das Buch zu lesen.

Nach meinem letzten Google-Mail-Test kann ich es sogar beweisen: Diese Art Fetischismus ist klare Männersache.

Zu der Mitteilung: »duftendes Grün/viele Männer« fiel den Google-Robotern *überhaupt nichts* ein. Das habe ich ehrlich gesagt noch nie erlebt, daß die rechte Leiste, wo die Google-Anzeigen sich sonst breitmachen, völlig rein und leer blieb. Es scheint, daß es für gebrauchte Unterhosen von Männern keinerlei Nachfrage gibt.

Juli 2007

Mode

Sancta Propecia
oder Ein Mann muß nicht immer schön sein...

... nicht immer, aber immer öfter. Im *Boston Sunday Globe* vom 18. Juni lese ich, daß es inzwischen wirksame medizinische Hilfe gegen männlichen Haarausfall gibt. Eine Pille Propecia am Tag hilft bei 90 % der Männer den Haarbestand erhalten und soll manche brachliegende Fläche sogar wieder zum Sprießen bringen. Die häufigsten Nebenwirkungen sind verminderter Sexualtrieb und Impotenz – beides soll sich aber wieder geben, sobald mann die Pille absetzt.

Daß ein Mittel mit diesen interessanten Eigenschaften sich überhaupt am Markt hält, hat mich sehr erstaunt, besonders angesichts des Dauerbeschusses mit unappetitlichen Porno- und Viagra-Anzeigen in meiner Mailbox. Danach zu urteilen, gibt es für den Mann nichts Gräßlicheres als das Nachlassen des Sexualtriebs und Impotenz. Und nun soll er das freiwillig in Kauf nehmen für ein paar Haare mehr auf dem Kopf? Ich fasse es nicht.

Aber der moderne Konkurrenzkampf wird immer erbarmungsloser. Um einen ansehnlichen Posten zu ergattern, muß auch der Mann inzwischen ansehnlich sein. Bierbauch und Glatze wirken sich chancenmindernd aus.

Vielleicht kalkuliert der sensible Mann von heute daher wie folgt: »Dank Propecia habe ich nicht nur im Beruf bessere Chancen, sondern auch bei Frauen. Die meisten sind ja sowieso mehr für Kuschel- als für Hardcore-Sex. Mit Propecia wirke ich attraktiver und zugleich bekömmlicher!«

Recht hat er! Wir sind es schon lange leid, die Pille zu nehmen. Jetzt kann er sie eine Weile nehmen und uns dadurch auch sonst ähnlicher werden.

Juni 2006

Kopftuchverbot für Referendare

Daß es in Deutschland auch Referendare gibt, die im Unterricht das Kopftuch tragen wollen, wußte ich bisher nicht – aber auf alle Fälle wurde es ihnen nun bedauerlicherweise verboten, wie ich in einer Zeitungsnotiz las, die mir eine Freundin zuschickte:

»Das Bremer Oberverwaltungsgericht entschied in einem gestern veröffentlichten Urteil, daß das im Schulgesetz festgelegte strikte Kopftuchverbot für alle Lehrkräfte rechtmäßig ist. Auch für Referendare gebe es dabei keine Ausnahme.« (*Oldenburgische Volkszeitung*, 23.2.2007, S. 5)

Ich finde es sehr schade, daß die Referendare kein Kopftuch tragen dürfen. Denn wenn sie es täten, wäre doch vielleicht das ganze Kopftuchproblem auf elegante und friedliche Art vom Tisch. Einmal könnten die Referendare, von denen ja viele schon bedenklich viel Glatze zeigen, ihre sexuell aufreizende Blöße bedecken und sich überdies wirksam gegen Auskühlung des Gehirns schützen, deren verheerende Folgen jeder warmherzigen Frau bekannt sind. Andere könnten eine herausfordernde Haarpracht verbergen, die die Frauen nur auf unlautere Gedanken bringen würde. Und schließlich könnten allesamt gegen die weitverbreitete Auffassung, das Kopftuch symbolisiere die Unterordnung der Frau durch den Mann, ein ebenso überraschendes wie überzeugendes und nachdrückliches Zeichen setzen.

Wieder einmal hat der Gesetzgeber durch bürokratischen Übereifer eine vielversprechende Chance des demokratischen Miteinander herzlos zunichte gemacht.

Also auf, ihr Kopftuchträger unter den Referendaren! Laßt euch durch dieses männerfeindliche Verbot nicht einschüchtern und leistet euren friedlichen Beitrag zur Integration!

Mai 2007

Musik

Gedanken zum Karfreitag

Karfreitag ist für mich als Bildungsbürgerin der Tag des äußersten Medienwirbels. An keinem Tag des Jahres sind alle Radio- und Fernsehkanäle so voll von guten Sendungen, und meine drei Videorecorder und vier Tonbandgeräte beanspruchen meine volle Aufmerksamkeit. An die frische Luft ging ich selbstverständlich erst, als alles programmiert war. Ich werde nie dazu kommen, alles zu sehen und zu hören, was ich aufgenommen habe, schließlich bin ich schon 57 – aber ich gewinne viel Zeit durch diese Maschinen. Ohne sie würde ich mich genötigt fühlen, die Sachen live zu konsumieren, und so habe ich ja alles unter Dach und Fach und kann mich in Ruhe dieser Glosse widmen.

Heute früh blieb ich aber doch vor der Glotze hängen, wie es heute so häßlich heißt. Verdis *Requiem*, aufgenommen zu seinem 100. Todestag am 27. Januar. Mozart hat am 27. Januar Geburtstag, ist das nicht seltsam?

Seit kurzem habe ich in meiner Küche eine rasante Dolby-Surround-Anlage. Das Requiem war in Dolby-Surround-Technik aufgenommen – der Sound aus den sechs Lautsprechern auf Fensterbank, Kühlschrank und Mikrowelle war in der Tat gewaltig, umwerfend. Die intensive Akustik paßte zu der ungeheuren Intensität, die die MusikerInnen an den Tag legten. Heute nacht gibt es auf MDR noch die *Matthäuspassion* mit Biller und den Thomanern, die kann ich mir auch vordröhnen lassen – die NachbarInnen sind über Ostern verreist. Bin gespannt, wer gewinnt, Berlin oder Leipzig, Verdi oder Bach, Abbado oder Biller. Biller wirkt ja eher »innerlich-gemütvoll« und ist wohlgenährt, Abbado dagegen sah so abgezehrt aus, er verzehrt sich. Früher war er voller im Gesicht. Ich fürchte, er ist krank.

Die vier SolistInnen hatten es optisch auch in sich! Die Altistin, Daniela Barcellona, überragte den Tenor (Roberto Alagna) und die Sopranistin (Angela Georghiu) mindestens um Haupteslänge und auch den Dirigenten, gut zu sehen, als sie am Ende alle in einer Reihe den nicht enden wollenden Applaus entgegennahmen. Sie singt wunderbar – ansonsten hätte sie es mit dieser Länge wohl nicht so weit gebracht. Welcher Heldentenor möchte neben der angebrüllten Dame seines Herzens auch wie ein Zwerg aussehen! Der kleine Herr Alagna hatte auch noch lange verschwitzte Haare, aber auch er sang tadellos, sonst hätte auch er es mit dieser Statur wohl nicht so weit gebracht. Da gab es also viel zu schauen und zu staunen.

Nur die Sopranistin war, wie sie ein soll: Sah bildschön aus und sang auch so und überragte keinen der Männer. Die Haare pechschwarz, wahrscheinlich gefärbt. Aber sauber im Haaransatz. Ihr ärmelloses schwarzes Top war tief ausgeschnitten, heftig wogten und schwollen die fast entblößten Brüste in der Anstrengung des hingegebenen Singens. Nun sehe ich dergleichen ja nicht ungerne, aber paßt es vielleicht zum *Requiem* und zum Karfreitag? Das christliche Abendland in Beerdigungsstimmung und todernste Musik eingetaucht, und die Georghiu legt dazu fast einen Strip hin? Tut dabei aber so, als denke sie nur ans Singen. So eine Rackerin! Waren schon die lange Altistin und der kurze Tenor ein interessantes Paar, so waren die Altistin und die Sopranistin als Paar auch nicht ohne Reiz. Denn die Barcellona war der Würde des Anlasses entsprechend hochgeschlossen angetreten und schielte, so schien es mir, bisweilen mißbilligend auf die Stripperin hinunter.

Hätte denn Abbado gegen die Würdelosigkeit nicht einschreiten müssen? Schließlich trat keine der sonstigen Damen auch nur annähernd mit einem solchen Dekolleté auf, im Gegenteil. Bei den Berliner Philharmonikern gibt es ja eh kaum Damen (ich erinnere mich nur an eine asiatisch aussehende Flötistin), und die Chor-Sängerinnen waren auch alle mehr oder weniger hochgeschlossen. Aber schön waren sie, und fast alle blond – ich dachte zeitweilig, daß frau heute, um in einen Spitzenchor zu kommen, auch noch einen Schönheitswettbewerb bestehen muß. Aber es waren alles Schwedinnen, vom Schwedischen Rundfunkchor und dem Kammerchor Eric Ericsson, wie ich hinterher las. Na so erklärt sich auch dies Wunder.

Einer, der sich so für die Musik verausgabt wie Abbado, hat vielleicht keine Kraft übrig, um sich gegen verwegen gekleidete Sopranistinnen durchzusetzen. Vielleicht hat sie sich auch rausgeredet wie Anne Sophie Mutter. Die erklärte neulich in einem Interview, sie entwickle beim Konzertieren immer eine solche Hitze, daß sie nur ärmellos und so bekleidungsfrei wie möglich spielen könne.

Die armen Männer! Nicht nur daß sie viel mehr zu tun haben als die Frauen (eine kleine Flötistin ist schließlich keine große Hilfe bei einem Riesenorchester) – sie können sich nicht einmal den Oberkörper freimachen, egal wie sehr sie schwitzen. Wie frau ja an dem armen, verschwitzten Herrn Lasagne gut sehen konnte.

Nachtrag: Abbado hat eindeutig gegen die deutsche Leitkultur aus Leipzig gewonnen.

Karfreitag 2001

Glenn Gould als Jesus Christ Superstar

Ein neuer Film über Glenn Gould, wieder von Bruno Monsaingeon, wurde am 13. Mai 2006 zum ersten Mal auf *arte* ausgestrahlt. Zu später Stunde, zwischen 10 und 12 Uhr nachts – trotzdem schauten wir gebannt zu, ließen uns von Goulds Spiel und seinem frechen, intelligenten Charme bezaubern.

Nachts ging mir dann der Film im Kopf herum, irgend etwas lag mir quer im Magen, aber was?

Schließlich fiel mir eine Analyse ein, die ich vor 17 Jahren für den Journalistinnenbund angefertigt hatte. Es ging um »Das Bild der Frau und des Mannes in deutschen Publikumszeitschriften«. Meine Ergebnisse faßte ich zusammen in dem Aufsatz »Lobe den Herrn – in Spiegel, Zeit und Stern« (in *Alle Menschen werden Schwestern*, 1990).

Fast alle Männerporträts, die ich in einem Zeitraum von 2 Wochen in den betreffenden Zeitschriften gefunden hatte, gehörten dem Typ »Heldensage« an, aber es gab zwei klar unterscheidbare Arten von Helden: Den genialen Wüstling (Prototyp Don Juan mit Nachfolgern Hemingway oder Richard Burton) und den Schmerzensmann, der sich in der Stille titanische Werke abringt und in der Regel unverstanden bleibt (Prototyp Jesus mit Nachfolgern Beethoven oder Wittgenstein).

Und hier, in dem Gould-Film 17 Jahre später, waren tatsächlich wieder alle Merkmale beisammen: Gesungen wurde das bekannte Lied vom jesusähnlichen Schmerzensmann, nur war diesmal die Vergöttlichung extrem.

Schon der Titel *Glenn Gould: Jenseits der Zeit* zeigt klar die Richtung an. »Jenseits der Zeit«, da ist die Ewigkeit, da leben nicht die Irdischen, sondern die Götter.

Diverse männliche Experten verklickerten uns das Phänomen und die Botschaft Glenn Goulds, so wie uns die Theologen die Heilige Schrift auslegen. Einer meinte, wenn Gould Bach spielte, dann *wurde* er zu Bach, er inkarnierte ihn. Also wenn das nicht göttlich ist! Und Bach ist auch nicht irgendwer, sondern selbst schon fast der liebe Gott, jedenfalls für Protestanten.

Die Rolle der Frauen in dem Film entsprach exakt der Rolle der Frauen in der Kirche; sie waren zuständig nicht für Gelehrsamkeit, sondern für Rührung und Anbetung. Zwei verliebte Gould-Faninnen jenseits der 60 durften etwas menscheln. Eine Russin erklärte, sie verdanke Glenn Gould buchstäblich ihr Leben – ganz so wie Lazarus, den Jesus von den Toten auferweckte. Wobei Goulds Leistung noch bewundernswerter war als die von Jesus, weil er sie nicht persönlich vollbrachte, sondern nur durch seine hinterlassenen Aufnahmen. Eine sympathische Italienerin in flammendrotem Mantel outete sich als liebeskrank, sie hätte sich in einen Toten verliebt. Zum Schluß legte sie telegene rote Rosen auf seinen Grabstein von erlesener Schlichtheit. Maria Magdalena kam mir in den Sinn, die den Tod ihres Herrn nicht verwinden konnte und ihn an seinem Grabe suchte – und fand!

Glenn Gould hingegen war wie Jesus fern aller Fleischeslust; ganz seiner göttlichen Mission auf Erden hingegeben, verschmähte er anscheinend die irdische Liebe. Eine profane Liebesbeziehung zu einem oder einer Sterblichen konnte oder wollte sein Jünger-Prophet Monsaingeon ihm nicht nachsagen; Gould diente auf Erden allein der Musik.

Dann dieser Stuhl! Hölzern und peinvoll, gleicht er dem Kreuz, und er symbolisiert Glenn Gould, wie das Kreuz Jesus symbolisiert. Ohne Kreuz kein Jesus, ohne Stuhl kein Gould.

Und einsam war Gould, wie Jesus in Gethsemane. Immer wieder wurden die Bilder gezeigt, wie der alternde Glenn einsam am See Genezareth, was rede ich: Ontario entlangpirscht, die Wellen schlagen kalt an den Strand, der Himmel ist düster vernebelt, keine Menschenseele weit und breit, die den Einsamen, der da beethovenartig im unförmigen Mantel einherstapft, beigestanden hätte. Gould war so begnadet, daß er sich unter uns Menschen eben fremd fühlte, er litt sichtbar und physisch unter menschlicher Gesellschaft, ihrem Getriebe und Leerlauf.

Glenn Gould selber war zwar eigenwillig bis skurril, aber er blieb durchaus auf dem Teppich. Über die Vergottungsmanie des Films hätte er wahrscheinlich gelacht. Was aber treibt die Jünger so eines Genies, nennen wir ihn ruhig mal so, zu derartiger Vergottung ihres Idols?

Ich nehme an, es ist der Drang, wenn nicht durch eigenes Vermögen, so wenigstens durch Nähe und Verehrung gottähnlicher zu werden. Wenn ich sagen kann, daß Richard Wagner mein Großvater war, ja dann bin ich wer. Und je mehr wir dann diesen Großvater aufblasen, um so bedeutender werden wir selber, logisch. Nicht »guilt by association«, sondern »glamour by association«.

Mit Jesus, Glenn Gould, Beethoven, Hölderlin, Wittgenstein verwandt zu sein gelingt allerdings nicht so leicht. Diese einsamen Ringer um Ewiges und Göttliches hinterließen typischerweise keine Nachkommen. Also bleibt oft nur die Jüngerschaft.

Und so blasen sie und blasen sie, die Jünger irgendwelcher großen Männer, bis sie platzen. Oder bis uns die Geduld platzt. Denn: Die Verwandtschaft oder sonstige Verbindung mit einem weiblichen Genie ist den Männern in der Regel schnurzpiepe, weil in unserer Herrenkultur das Weibliche zweitrangig ist und der

Mann durch Assoziation mit einer Frau nur gemindert werden kann.

Mai 2006

Figaros Hochzeit und der Tristan-Akkord

Nein, Mozart hat in seiner Oper *Figaros Hochzeit* nicht den Tristan-Akkord vergessen – aber bevor das Mozartjahr zu Ende geht, möchte ich doch noch folgende Geschichte loswerden:

Ende August schrieb mir eine wagnerbegeisterte Freundin: »Ich war in Bayreuth und habe *Tristan und Isolde* mit Nina Stemme gesehen. Warum spricht man immer nur vom Tristan-Akkord, wo Isolde doch auch Sehnsucht hat und dies auch musikalisch ausgedrückt wird? Ist doch wieder eine Frechheit.«

Sie hat ja so recht – und mir war das noch nie aufgefallen!

Wahrscheinlich liegt es an der ungalanten Erstnennung von Herrn Tristan im Operntitel. Hieße die Oper »Isolde und Tristan«, würden wir wahrscheinlich »in die Isolde« statt »in den Tristan« gehen. Die Bezeichnung »Tristan-Akkord« hat vielleicht eher etwas mit der zu »Tristan« abgekürzten Oper als mit ihrem Helden Tristan zu tun.

Andererseits sagen wir brav und ausführlich: »Heute abend gehen wir in *Hänsel und Gretel*, oder in *Romeo und Julia*, nicht »in den Hänsel« oder »in den Romeo«. Sehr seltsam. Ich kann es mir nicht erklären. Vielleicht will das Volk Energie sparen für das Durchsitzen der vierstündigen Oper, vielleicht hat es auch mit dem alten Macho Wagner zu tun …

Zum Trost dafür, daß Tristan sich den Tristan-Akkord gegrapscht hat, wird »Isoldes Liebestod« für Isolden reserviert, obwohl sich doch auch Tristan den Liebestod tapfer erröchelt. Aber das Sterben der Frau ist ja sowieso der Höhepunkt (fast) jeder romantischen Oper. Wird ein Mann bei derselben Tätigkeit erwischt, soll es jedenfalls nicht auch noch zum Mythos verklärt werden.

Schluß jetzt mit Liebesnot und -tod! Kommen wir endlich zu Figaros Hochzeit, bzw. gehen wir in den Figaro! Vor drei Jahren war ich in Salzburg mit einem Vortrag zum Thema »Die Frau ist nicht der Rede wert«. Ich eröffnete meine Rede mit der Feststellung, daß das Thema besonders gut zu Salzburg passe. Großes ungläubiges Staunen. Ungerührt fuhr ich fort: »Ist Ihnen an dem Titel *Die Hochzeit des Figaro* nicht schon mal was aufgefallen?« Langes Schweigen des Publikums, man zerbrach sich die Köpfe, nichts war ihnen jemals aufgefallen. Schließlich meldete sich eine, die die Oper anscheinend kannte, und erzählte, daß die Hochzeit ohne Susanna ja nix wäre und sie auch viel mehr zu tun hätte in der Oper. Eigentlich müßte die Oper also »Susannas Hochzeit« heißen oder wenigstens »Die Hochzeit von Susanna und Figaro«. Das Publikum war völlig platt, aber einverstanden.

Mir fällt in diesem Zusammenhang noch das Wort »Gespräch« ein. In der Frühzeit der Feministischen Linguistik ging es vor allem um Gesprächsanalyse. Endlich konnten wir unser bis dahin mehr vages Gefühl, daß wir in Gesprächen mit Männern nie zu Wort kommen, »wissenschaftlich« (mit der Stoppuhr nämlich) belegen. Wir fanden heraus, daß wir in Gesprächen die Rolle der Zuhörerin haben, damit das Gespräch erst ermöglichen und mit unserem emsigen Kopfnicken, »hm« und »ja« den Redefluß des Herrn in Gang halten. Unterlassen wir diese »Minimalreaktionen«, erstirbt das

»Gespräch« umgehend, und er fragt irritiert: »Hörst du mir eigentlich zu?«

Obwohl also das Zuhören die Voraussetzung eines Gesprächs ist, kommt diese wichtige Funktion in dem Wort »Gespräch« nicht zur Sprache, sie bleibt unter dem Teppich, wie Isolde im *Tristan-Akkord* und wie Susanna in *Figaros Hochzeit*.

September 2006

Paare

Goethes Christiane und Luthers Käthe:
Noch ein Beitrag zum Goethe-Jahr

In diesem Jahr 1999 feiern wir – und wie! – Goethes 250. Geburtstag. Kaum genesen von den Feiern zu seinem 150. Todestag 1982, müssen wir schon wieder ein ganzes Goethejahr verkraften.

Anfang des Jahres, am 31. Januar, feierten wir den 500. Geburtstag Katharina von Boras, der sogenannten Lutherin. Für sie wurde natürlich kein ganzes Jahr zum Feiern einberaumt. Eine Sondermarke der deutschen Bundespost, ein paar Reden, Feiern und Symposien um den Jubeltag herum, damit hatte es sich.

Ganze Feier*jahre* gibt es ja überhaupt nur für die ganz Großen: 1997 hatten wir das Schubertjahr, 1991 das Mozartjahr, 1985 das Bach- und Händeljahr, 1983 das Lutherjahr.

Mir ist außer Hildegard von Bingen (900. Geburtstag 1998) keine Frau bekannt, der mann in ähnlicher Weise ein ganzes Jubeljahr zugebilligt hätte. Statt dessen hat uns die UNO 1975 die »Dekade der Frau« eingerichtet, die jeweils verlängert wird, weil sich an der miesen Lage der Frau eh so schnell nix ändert. Womit ich wieder beim Ausgangsthema »Goethes Christiane und Luthers Käthe« bin.

Obwohl nämlich die Geburtsjahre unserer 99er JubilarInnen Katharina von Bora und Johann Wolfgang von Goethe zweieinhalb Jahrhunderte auseinander liegen, spielte sich das Frauenleben in der Familie Luther doch fast genau so ab wie in der Familie Goethe. Wie sich die Bilder noch nach Jahrhunderten gleichen, möchte frau verzweifelt ausrufen: Der Mann kümmerte sich um seine Werke und die Weltangelegenheiten, die Frau kümmerte sich um »den Rest« – umsorgte den Gatten und seine zahlreichen Gäste, gebar die Kinder (Christiane deren fünf, nur eines überlebte) und zog sie groß und leistete schier Übermenschliches in der umsichtigen Verwaltung sehr weitläufiger Haushalte, mit Ländereien, Gemüseanbau etc. etc. (bei Katharina kam noch Viehzucht und Bierbrauerei hinzu).

Die Parallelen zwischen den beiden Frauen sind geradezu unheimlich: Beide, Katharina und Christiane, waren 16 Jahre jünger als ihre Ehegatten, die sie mit 23 Jahren kennen- und liebenlernten. Beide mußten um dieser »unerhörten« Liebe willen Schmach erdulden: Katharina war eine entlaufene Nonne, die einen Ex-Mönch heiratete; Christiane lebte 18 Jahre in wilder Ehe mit Goethen, bevor der Geheimrat 1806 geruhte, sie zu ehelichen. Ganz Weimar zerriß sich das Maul über sie. Katharina starb mit 53, Christiane mit 51.

Obwohl die beiden Frauen also ziemlich ähnlich gelebt haben, ist ihr Bild in der Geschichte doch ein ganz unterschiedliches. Katharina von Bora wurde stilisiert zum Urbild der deutschen Ehefrau, speziell Pfarrfrau. Christiane Vulpius hingegen – du meine Güte! Was für eine zutiefst peinliche Verirrung des Dichterfürsten!

»Ein schönes Stück Fleisch, gründlich ungebildet« (Thomas Mann), »eine geistige Null« (Romain Rolland), »die bekannte Sexualpartnerin des alternden Olympiers« (Musil). Ihre Zeitgenossen nannten sie »Goethes Mätresse«, »Hure«, »Goethes Kreatürchen«, seine »dicke Hälfte«, »Goethes Magd« (Wieland), ihre offizielle Bezeichnung in Weimar war 18 Jahre lang: »die von Goethesche Haushälterin«. Die Zeitgenoss*innen* waren womöglich noch giftiger: Charlotte von Schiller nannte sie »ein rundes Nichts«, Bettine von Arnim »eine Blutwurst, die toll geworden ist«.

Und womit hat sie diese Häme verdient?

Da ist erstens die wilde Ehe – für die sie nun wirklich nichts kann. Und zweitens interessierte sie sich zwar für Goethen, aber nicht für seine Werke.

Wir lernen daraus: Die Frau des großen Mannes soll dem Gatten eine geistige Gefährtin sein, das hat er schließlich verdient. Aber sie soll ihm nicht den Rang streitig machen, sondern ihm als gute Mutter seiner Kinder, tüchtige Haushälterin und lieber Bettschatz das Leben behaglich machen. Ist sie keine geistige Gefährtin, dann ist sie eben nur ein Stück Fleisch, auch wenn sie alle anderen Anforderungen perfekt erfüllt.

Deswegen verdient Luthers Käthe eine Sondermarke, aber Goethes Christiane nicht.

August 1999

Heidi und Klara im Heu
(zum 100. Todestag Johanna Spyris
am 7. Juli 2001)

Für ein Spyri-Porträt zum Gedenktag habe ich – nach vielen Jahrzehnten – noch einmal beide Heidi-Bände gelesen, *Heidis Lehr- und Wanderjahre* und *Heidi kann brauchen, was es gelernt hat*. Und ich muß sagen, auch ich konnte brauchen, was ich inzwischen gelernt hatte, und kam zu überraschenden Einsichten, die ich dem Publikum nicht vorenthalten möchte.

Im ersten Band erfahren wir, wie das fünfjährige Waisenkind Heidi zu seinem menschenscheuen Großvater auf die Alm kommt und ihn um- und umkrempelt; wie es Freundschaft schließt mit dem Geißenpeter und seiner blinden Großmutter; und wie es dieser Idylle entrissen und nach Frankfurt versetzt wird in die Familie des verwitweten reichen Kaufmanns Sesemann, dessen gelähmte Tochter Klara sich eine Gespielin wünscht. Im Hause Sesemann regiert das Fräulein Rottenmeier und macht dem Heidi das Leben so schwer, daß es schließlich vor Sehnsucht – nach der Heimat, so wird vermutet – mondsüchtig wird. Klaras Arzt verordnet, daß das Heidi wieder zurückmuß in seine Schweizer Berge, nur dort könne es gesund werden. (Falls meine Rede von »dem Heidi« Sie befremdet – so nennt Johanna Spyri ihre Heldin: »das Heidi«, aufgenommen durch »es«.)

Weshalb Klara gelähmt ist und weshalb ihr der Doktor bisher nicht helfen konnte, erfahren wir nicht.

Aber im zweiten Band kommt Klara zu Heidi und dem Großvater auf die Alm, hochgetragen von zwei kräftigen Männern. Den Rückweg vier Wochen später kann sie fast zu Fuß antreten. Sie ist geheilt.

Die Heidi-Legende der Schweizer Tourismusbranche betont, daß Klara ihre Heilung der reinen kräftigen Bergluft und der guten Milch der Geiß Schwänli verdankt, die der Großvater immer mit extra heilkräftigen Alpenkräutern gefüttert hat. Klara ist zu Kräften gekommen und kann nun auf eigenen Füßen stehen. Diese Version läßt sich zwar aus Spyris Text auch herauslesen, aber sie ist doch wohl mehr als unglaubwürdig. Eigentlich meinte Spyri (die auch mal heftig um die spröde Betsy Meyer warb) ja auch ganz was anderes, aber das konnte sie nur indirekt mitteilen und verpackte es in der Mär von der heilkräftigen Bergluft.

Es ist wohl klar, daß die arme Klara eine der vielen Hysterikerinnen war, die das 19. Jahrhundert bevölkerten. Hysterie hat mit frustrierter Sexualität zu tun. In Frankfurt schlafen Heidi und Klara in getrennten Zim-

mern, tagsüber immer unter Aufsicht der sexualfeind-
lichen Rottenmeier. Kein Wunder, daß Heidi mondsüchtig wird und Klara nicht gesunden kann!

Die beiden Liebenden (die natürlich von ihrer Liebe
noch nix wissen und bis ans Ende des Buches auch nix
wissen dürfen) werden wieder getrennt. Aber endlich,
endlich kommt Klara zu Heidi auf den Berg. Beide sind
fast außer sich vor Liebesraserei – Spyri nennt es ver-
schämt Freude. Der Geißenpeter merkt als erster, was
los ist:

> »Als nun die Kinder beide freundlich zu ihm hinüber-
> riefen: ›Gute Nacht, Peter!‹, gab er durchaus keine
> Antwort, sondern hieb mit seiner Rute so grimmig
> in die Luft hinein, als wollte er diese völlig entzwei-
> schlagen«.

Jaja, die Rute. Aber sie hilft dem Peter nix – Klara und
Heidi sind im siebten Himmel:

> »Zu allem Schönen, das Klara heute auf der Alp schon
> gesehen hatte, kam nun noch der Schluß. Als sie oben
> auf dem Heuboden auf dem grossen weichen Bette
> lag, zu dem nun auch das Heidi emporkletterte, da
> schaute sie durch das offene runde Loch gerade mitten
> in die schimmernden Sterne hinein, und voller Ent-
> zücken rief sie aus: ›O, Heidi; sieh, es ist gerade, wie
> wenn wir auf einem hohen Wagen in den Himmel
> hineinfahren würden!‹«

Die Sexualsymbolik braucht wohl nicht weiter erläutert
zu werden. Heidi und Klara reisen im Himmelbett mit
Volldampf in die Hochzeitsnacht.

Damit wir von dem Offenkundigen abgelenkt werden, wendet sich die Autorin aber nun wieder ihrer
Lieblingsverschleierung zu, dem Beten, und obendrein
versetzt sie das Heidi noch in einen Instantschlaf:

»Jetzt richteten sich die Kinder noch einmal auf und sagten jedes ein Nachtgebet. Dann legte sich das Heidi auf seinen runden Arm und schlief augenblicklich ein. Aber Klara blieb noch lange wach, denn etwas so Wunderbares wie diese Schlafstätte im Sternenschein hatte sie noch in ihrem Leben nicht gesehen.«

Ich gehe davon aus, daß Heidi sich schlafend gestellt hat, damit Klara sie um so besser bewundern konnte. Der letzte Satz ist wohl so zu lesen: »etwas so Wunderbares wie das schlafende Heidi im Sternenschein hatte sie noch in ihrem Leben nicht gesehen.«

Nun die beiden sich endlich gekriegt haben und vereinigt sind, könnte ja Klaras Gesundung kräftig voranschreiten. Nichts da! Spyri bekommt Angst vor der eigenen Courage und schaltet wieder die fromme Großmama ein. Die schickt zwei Betten auf die Alm, die wieder von zwei Männern keuchend den Berg hochgetragen und dann mühsam auf dem Heuboden untergebracht werden (bis dahin hatte die Leserin nie den Eindruck, daß dort oben mehr Platz sei als für ein kuscheliges Lager im Heu, und ausgebaut wurde der Heuboden in der Zwischenzeit auch nicht. Aber es war der Autorin wohl dringend mit der Korrektur der Idylle). Haben wir nicht grad gelesen, daß Klara »etwas so Wunderbares wie diese Schlafstätte« noch nie in ihrem Leben gesehen hatte?

Es war wohl etwas zu wunderbar, wieder muß das Liebespaar auseinandergerissen und mit durchaus unnötigem Aufwand in getrennte Betten verbracht werden, nach denen niemand verlangt hatte. Zum Glück ist die Hütte für getrennte Schlafzimmer aber zu klein. Und so kann Klaras Heilung, trotz ängstlicher Verschleierungsmaßnahmen der Spyri, doch noch gelingen.

Vordergründig wird die Heilung ausgelöst durch den Vandalismus des Geißenpeter an Klaras Rollstuhl.

Er läßt ihn den Berg runtersausen, und nun muß Klara schon laufen, will sie zu ihrem Heidi kommen, das zwischen duftenden Blumen verlockend auf der Alm sitzt, fast wie die Lorelei auf ihrem Felsen.

Und was will uns die Dichterin damit sagen? Warum zerstört Peter den Rollstuhl? Weil er eifersüchtig auf Klara ist. Ursache der Heilung Klaras ist demnach letztlich die Liebe zwischen Klara und Heidi. Ist doch sonnenklara.

Juli 2001

Katharina die Große und ihre Verehrerin

Im Zuge meiner Arbeiten für den Band *Ohne Frauen ist kein Staat zu machen: Hundert Politikerinnen* befasse ich mich gerade mit Katharina der Großen (1729-1796).

Drei Biographien und zwei Bände ihrer autobiographischen Schriften fand ich in meinem Bücherschrank. Zuerst griff ich mir die Biographie von einer Frau: Zoë Oldenbourgs *Katharina die Große: Die Deutsche auf dem Zarenthron* aus dem Jahre 1966. Im Vorwort schreibt Oldenbourg:

>»Inzwischen haben bedeutende Historiker ein differenzierteres, objektiveres und wahreres Bild Katharinas gezeichnet. Ich denke an die ausgezeichneten Werke von Henry Vallotton und von Ian Gray. (Dagegen wirkt die sehr interessante Biographie von Lavater-Sloman wie in der Tradition der russischen Historiker des 19. Jahrhunderts geschrieben, so blind ist die Bewunderung des Verfassers für seine Heldin.)«

Ian »Gray« schreibt sich eigentlich »Grey« – vielleicht ein Druckfehler. Schwerer wiegt, daß Lavater-Sloman (1891-1980) kein Verfasser ist, sondern eine Verfasserin, mit Vornamen heißt sie Mary. Was ist hier passiert? Hat Zoë Marys Buch gar nicht gelesen, nicht mal in der Hand gehabt? Denn sonst müßte es ihr doch aufgefallen sein, daß sie Mary heißt.

Ein starkes Stück, das Zoë sich da leistet. Aber bevor wir ihre Biographie als wenig vertrauenerweckend beiseite legen, sollten wir noch mildernde Umstände in Betracht ziehen. Zwar hat Zoë es versäumt, Marys Vornamen zu erwähnen, aber mehr ist ihr wahrscheinlich nicht vorzuwerfen. Schuld an Marys Vermännlichung sind wohl eher die französische Sprache, die Übersetzerin – und unsere im Patriarchat erlernten stillschweigenden Annahmen.

Vermutlich hat Zoë Oldenbourg folgendes geschrieben (das frz. Original steht leider nicht in meinem Bücherschrank): »l'admiration de l'auteur pour son héroïne«. Nun ist es an der Übersetzerin – Ursula von Zedlitz – zu entscheiden, wie sie »auteur« wiedergeben will. Es kann sowohl »Verfasser« als auch »Verfasserin« bedeuten. Hätte sie mal kurz in einem Lexikon nachgeschlagen, in einer Buchhandlung angerufen, hätte sie es gleich erfahren können (Internet gab es ja damals noch nicht). Wenn sie mich angerufen hätte, hätte ich es ihr auch sagen können; ich besitze etliche Biographien von Lavater-Sloman. Auch der Doppelname hätte sie doch auf die richtige Idee bringen können. Hätte sie aus dem Englischen übersetzt, hätte sie es auch gleich gewußt: »the author's admiration for *her* heroine«.

Aber das Übersetzen ist eine miserabel bezahlte Tätigkeit. Zu aufwendigen Recherchen bleibt da keine Zeit. Und die Standardannahmen für Fälle wie diesen lauten:

1) Verehrung, Bewunderung für eine Frau – das ist Sache des Mannes. Verehrung einer Frau für eine Frau – unwahrscheinlich bis fragwürdig.

2) Ein Autor ist ein Mann, es sei denn, das Gegenteil wird bekanntgegeben. Und Zoë hat eben nix bekanntgegeben.

Ich hätte die alten Schinken aus meinem Bücherschrank besser stehenlassen sollen. (Entsorgen? Nein! Sie bieten so netten Stoff für Sprachbetrachtungen.) Nun werde ich mir die derzeit maßgebliche Biographie von Isabel de Madariaga (Historikerin und Rußland-Expertin) besorgen. Das englische Original erschien 1990; auf deutsch gibt es zwei wohlfeile Ausgaben, unter 10 €, antiquarisch noch billiger zu haben.

September 2006

Hillary und Barack

»Hillary und Barack« wird eigentlich selten gesagt, eher reden die Leute von Hillary und Obama. Wahrscheinlich ist diese Asymmetrie, wie Hillary behauptet, tatsächlich positiv zu bewerten. Sie sei »in it to win it«, sagt sie, und ihre Wahlkampfstrategen betonen, sie gehöre zu den ganz wenigen Megastars, die nur beim Vornamen genannt werden: Madonna, Elvis, Hillary. Barack gehört offenbar nicht dazu.

Ich wünsche mir für 2008 einen Wahlsieg der *Democrats*, mit dem »Ticket« Hillary und Obama. Nach Bushs *State of the Union Address* am 23. Januar gab es erst einen fabelhaften Kommentar von Senator Jim Webb, der – einfach durch das gewaltige Gefälle – allen noch einmal vor Augen führte, wie erbärmlich der Präsident ist. Danach wurden weitere prominente PolitikerInnen nach Ihrer Meinung gefragt. Der von allen als charismatisch gepriesene Obama machte gewiß eine gute Figur – aber im direkten Vergleich mit Hillary wirkte er blaß, unerfahren, wenig informiert. Hillary dagegen hatte auf jede Frage eine kluge, wohlinformierte und wohldurchdachte Antwort parat. Es bestätigte sich die alte Regel: Um so viel zu gelten wie ein Mann, muß die Frau doppelt so gut sein wie er. Hillary war m. E. doppelt so gut wie Obama, und deshalb gelten beide als gleich große Hoffnungen der demokratischen Partei.

Zu Obama melden die Medien meistens, daß es endlich mal Zeit würde, daß die Vereinigten Staaten einen schwarzen Präsidenten bekommen, aber daß das Volk wohl leider noch nicht reif dafür sei. Viel weniger oft wird in den Medien diskutiert, daß es endlich mal Zeit würde für »einen weiblichen Präsidenten«. Die blöde Formulierung zeigt schon, daß jedenfalls die deutsche Sprache diesen Fall nicht vorgesehen hat – wir hatten das ja alles im Jahr 2005-6 mit »unserem ersten weiblichen Kanzler«. Frauen sind auch in den USA die Mehrheit, ca. 52 Prozent der Bevölkerung. Der afroamerikanische Anteil beträgt hingegen nur 12 Prozent. Es wäre also logisch und gerecht, wenn die Mehrheit auch endlich einmal »den Präsidenten« stellen würde (wieder kommt uns die Männergrammatik in die Quere).

So sieht das aber in den USA, wo ich mich grade aufhalte, kaum jemand außer ein paar unverbesserlichen Feministinnen. Die Geschichte wiederholt sich. Vor fast 170 Jahren wollten weiße US-amerikanische Frauen gegen die Sklaverei politisch tätig werden. Sie mußten feststellen, daß ihnen das von den weißen Männern untersagt wurde, daß sie keine Stimme hatten, und sie erkannten, daß sie erst einmal gegen die eigene Unterdrückung kämpfen mußten.

Der Kampf gegen die Sklaverei war 1865 offiziell beendet, kurz darauf bekamen die ehemaligen Sklaven das Wahlrecht. Nicht die Sklav*innen* und nicht die weißen Frauen. »Die sollten sich gedulden: ›Es ist die Stunde des Negers‹, hieß es. Elizabeth Cady Stanton, die große Pionierin der amerikanischen Frauenbewegung, war so wütend darüber, daß sie gegen das Stimmrecht für männliche Schwarze redete und schrieb.« (Joey Horsley). Die Frauen mußten sich trotzdem gedulden – 55 Jahre lang.

Zurück in die Gegenwart. Ich verfolge aufmerksam den täglichen Nachrichtenschwall hier – und bin konsterniert, daß Baracks dunkle Hautfarbe ein soviel prominenteres Thema ist als Hillarys Weiblichkeit, meist mit dem Tenor: Es wird Zeit, diese Hürde zu nehmen, ein Zeichen zu setzen und der Welt zu zeigen, daß Amerika seinen Rassismus überwunden hat.

Der viel eklatantere *Sexismus*, der immerhin die *Mehrheit* der Bevölkerung trifft, muß dagegen nicht so schnell überwunden werden, Debatten zu diesem Thema höre ich nur selten. Für die öffentlich Debattierenden, überwiegend Männer, ist das eben kein Thema.

Neulich sagte Lea Ackermann, die Gründerin von Solwodi, der Organisation gegen Frauenhandel, auf die Frage, was sie am meisten ärgere: »Daß das gar nicht aufhört. Daß die Situation der Frauen nicht besser wird, eher schlechter.« »Was meinen Sie, woran das liegt?« fragte die Interviewerin. Lea Ackermann: »Ja, die Frau wird halt immer noch so gesehen, als sei das Unterdrücktwerden ihre natürliche Bestimmung.« Diese Sicht der Frau wird wohl auch Hillarys Wahlkampf begleiten. Über Obamas Hautfarbe äußern sich öffentlich nur Schwarze negativ: Sie finden ihn »nicht schwarz genug«, denn seine Mutter ist Weiße und sein Vater stammt aus

Afrika, ist somit kein Nachfahre amerikanischer SklavInnen. Ansonsten ist Kritik an Obamas Hautfarbe tabu; rassistische Kommentare dazu fallen auf die zurück, die sie äußern. Anders ergeht es den Frauen im allgemeinen und Hillary im besonderen. Sollte Hillary von ihrer Partei als Kandidatin aufgestellt werden, können wir uns auf ungehemmte Frauenverachtung in den rechten Medien gefaßt machen.

Vorbildlich verlief m. E. die Besetzung des AußenministerInnenamts in den letzten 12 Jahren. Die diversen Diskriminierungen wurden in der angemessenen Reihenfolge angegangen (da hat Bush nach Clintons kühner Vorlage sogar mal was richtig hingekriegt). Zuerst kam Albright, die erste Außenministerin. Dann Powell, der erste schwarze Außenminister. Und schließlich Rice, weiblich und schwarz.

Wenn nun Condoleezza Rice auch noch Präsidentin würde, wäre das ein weiterer Schritt gegen beide Diskriminierungen, Frauen *und* Schwarze. Sie ist die Alibi-Person par excellence, salopp gesagt würde mann zwei Fliegen mit einer Klappe schlagen. Aber Condi tritt wohl erst gar nicht an. Darüber bin ich froh, denn gemäß meiner Ablehnung des ewigen Vorwurfs »aber Frau allein genügt doch nicht« müßte ich mich für sie begeistern, was mir doch sehr schwerfiele.

Aber auch mit Hillary schlügen wir zwei Fliegen mit einer Klappe. Anders als Condi bringt sie einen Mann mit, der dann die erste männliche First Lady werden könnte.

Februar 2007

Bitch und Bastard

Mitte August 2007, USA: Der Kongreß und der Präsident sind in der Sommerpause, aber andere sind busy. Cheney bereitet emsig den dritten Weltkrieg vor, indem er mit seinen »spin doctors« tüchtig »spinnt« und schon mal alles einfädelt für einen Erstschlag gegen den Iran. Und die Präsidentschaftskandidaten sowie die eine Kandidatin sind auf Tour und auf Hochtouren im längsten Wahlkampf der US-amerikanischen Geschichte.

Hillary Clinton ist eindeutig die *front runner* unter den demokratischen KandidatInnen, gefolgt von Barack Obama. Sie steht für »mehr Erfahrung«, er steht für »Change«, so haben sich die PolitkommentatorInnen inzwischen geeinigt. Wobei es schon zutrifft, daß er viel weniger Erfahrung hat als sie. Aber mehr noch als Obama steht natürlich Hillary für »Wechsel/change«, einfach weil sie die erste Frau auf dem Posten wäre und Bill die erste männliche First Lady. Aber so sieht mann das hier nicht.

Eine der häufigsten Bezeichnungen für Hillary ist »bitch«. Sie scheint darauf geradezu abonniert. Wenn frau »Hillary« und »bitch« auf der englischen Google-Seite eingibt, gibt es fast 2 Millionen Einträge. Für »Obama« und »bastard« (das männliche Pendant zu »bitch«) hingegen nur 379.000.

Das Wort »bitch« (wörtlich: ›Hündin‹) gibt es in der englischen Sprache etwa seit 1400 in der Bedeutung »boshafte, dominante, gehässige, heimtückische Frau«. Benutzt wird es für Frauen, die nicht demütig zu Männern aufschauen – was ja auch eine unverzeihliche Frechheit ist. Auch Frauen nennen Frauen, die ihnen Angst machen, gerne mal »bitch«. Im Deutschen haben wir für ›bitch‹ kein Pendant. ›Hexe‹, ›Ziege‹ oder ›Zicke‹ sind auch fies, aber anders getönt.

›Bastard‹ und ›son of a bitch‹ sind auf den Mann gemünzte Ableitungen von ›bitch‹. Ein ›son of a bitch‹ (deutsch ›Hurensohn‹; moderner: ›Arsch(loch)‹) hat seine Verworfenheit anscheinend von der Mutter geerbt. So weit das Land der unbegrenzten Möglichkeiten und des »No Child Left Behind«: Keine Chance, wenn deine Mutter eine Hure ist.

Hillary-GegnerInnen haben den Slogan: »Life's a bitch, so don't vote for one« geprägt. Da Hillary in diesem Wahlkampf die einzige Frau ist und außerdem seit Jahrzehnten als »bitch« diffamiert wird, weiß jeder sofort, wer gemeint ist, auch ohne daß ihr Name genannt wird.

Der Slogan ist vermutlich ein Eigentor. Man könnte ihn – jetzt ohne den gemeinen Bezug auf Hillary – etwa übersetzen mit »Das Leben ist beschissen – also wähl was anderes«. Keine gute Idee. Besonders nicht für eine Partei und eine Klientel, die von sich behauptet, »pro life« zu sein.

Zum Glück haben Frauen auch noch ein Wörtchen mitzureden. Trotz (oder wegen) aller Schmähungen: Hillary wird vermutlich Angela Merkel demnächst als »mächtigste Frau der Welt« ablösen. Wenn nicht Dick Cheney durch seine Machenschaften einen Terroranschlag provoziert und das Volk vor Schreck Rudy Giuliani wählt, den Ex-Bürgermeister von New York und Helden von 9/11.

Übrigens, »Cheney« und »bastard« ergibt bei Google (englisch) 555.000 Einträge, »Bush« und »Bastard« über 2 Millionen. Umgekehrt entspräche es wohl mehr den wirklichen Verdiensten. Aber immerhin.

August 2007

Reisen

Warum ich nicht Auto fahre

Meine Freundin und Kollegin Senta Trömel-Plötz macht ein Buch über Frauen und Autos und hat mich gebeten, zu diesem Thema die Lachnummer zu liefern. Ich bin nämlich anscheinend die einzige Freak in ihrem weitläufigen Bekanntenkreis, die nicht Auto fahren kann. Ich habe es nie gelernt und werde es, wenn es irgend zu verhindern ist, auch nicht mehr lernen.

Es gibt ja umweltbewußte Menschen, die aus Prinzip aufs Auto verzichten. Solche hehren Motive kann ich für meine Abstinenz nicht reklamieren – obwohl ich mich gerne auf Pascal berufe, der alle zwischenmenschlichen Zwistigkeiten einschließlich der Kriege darauf zurückführte, daß die Menschen es nicht verstehen, in Ruhe in ihrem Zimmer zu bleiben. Dies Argument ist kaum zu widerlegen. Aber ich muß widerwillig zugeben, daß nicht nur die Kriege, sondern auch die Menschen aussterben würden, wenn wir alle Couch Potatoes wären.

Warum ich nicht Auto fahre? Weil ich nie den Führerschein gemacht habe (schon das Wort war mir immer suspekt).

In den sechziger Jahren, als die Töchter aus gutem Hause unter meinen Mitschülerinnen reihenweise den Führerschein machten, sowie sie achtzehn waren (und zum Abitur gab es dann das erste Auto), stellte sich das »Problem« für mich nicht, weil ich nicht das Geld zum Kauf und Unterhalt auch nur eines klitzekleinen Gebrauchtwagens hatte. Auch im Studentenheim fuhren die meisten bloß Fahrrad, und zwar weder aus ideologischen noch aus sportlichen Gründen. Einige wenige hatten ein Auto, z. B. die Behinderten oder die Superreichen, die sich in das Heim verirrt hatten, und sie nahmen uns manchmal mit in die weite Welt oder die weit entfernte Uni. Das war schön, besonders im Winter.

Heute ist das Auto ein Grundbedarfsartikel wie Zahnbürste, Telefon und Fernsehapparat. Damals war es noch ein Luxusartikel, und Nachrichten über Autounfälle erregten Aufsehen und Schrecken wie heute Nachrichten über Flugzeugabstürze. Tagtäglich las und hörte ich von gräßlichen Autounfällen. Ich schloß daraus ein für allemal: Das Auto ist ein Mordinstrument, wenn frau nicht höllisch aufpaßt. Ich aber bin eher verträumt und zerstreut. Wenn ich in Gedanken bin, sind meine Reaktionen arg verlangsamt, gieße ich den Tee in den Zucker und verstaue die Mütze im Kühlschrank. Mit dieser Art geistiger Ausstattung hielt ich es für unverantwortlich, ein Auto zu (hand)haben.

Mit der Zeit wurden die Nachfragen meiner Mitmenschen drängender/ungläubiger: Was, du kannst (immer noch) nicht Auto fahren??! Wie kommt das denn??

Mit der Zeit hatte sich aber auch meine Kurzsichtigkeit auf minus neun entwickelt. Als Beifahrerin war ich meist keine große Hilfe, weil ich der verzweifelt nach Navigationshilfe schreienden Fahrerin die Straßennamen erst mitteilen konnte, wenn wir direkt unter dem Schild standen und sowieso alles zu spät war. Aber die Kurzsichtigkeit hatte wenigstens den Vorteil, daß ich nun die Diskussionen mit dem Hinweis auf diese Behinderung abkürzen konnte: Die Polizei würde mir das Führen eines Kraftfahrzeugs (wie sie das Autofahren nennen) ohnehin nicht erlauben.

Als Beifahrerin bin ich bis auf die eben zugegebene kleine Schwäche ansonsten aber wohlgelitten, weil ich mich niemals über den Fahrstil der Fahrerin ereifere und auch keine nervenden Bemerkungen zur Verkehrssituation mache – dazu fehlt mir einfach der Durchblick.

Um nun auch ohne Auto von Ort zu Ort zu kommen, gebe ich viel Geld für Eisenbahn, öffentliche Verkehrsmittel und Taxis aus. Ich halte 30-40 Vorträge im Jahr und reise dafür kreuz und quer durch Deutschland, Österreich und die Schweiz. Meist komme ich dank der Deutschen Bahn ausgeruht am Vortragsort an und habe sogar ein schönes Buch lesen können, wozu ich zu Hause nur selten komme. Nicht auszudenken, ich müßte all diese Reisen per Auto erledigen! Bei meinem Publikum gelte ich als humorvoll und aufgeräumt, was ich sicher den nervenschonenden Bahnreisen verdanke.

Eine meiner Beziehungen ist wegen des Autos in die Brüche gegangen. Ich selbst wähle mir immer verkehrsgünstig gelegene Wohnungen, aber meine Freundin lebte jwd auf dem Lande. Damit wir mehr voneinander hatten, zog ich zu ihr in die Pampa. Wollte ich von dort aus zu einer Vortragsreise starten, mußte sie mich 30 km zum nächsten Dorf-Bahnhof fahren und später wieder abholen (ein Taxi für diese Strecken hätte damals etwa ein Viertel des Honorars aufgefressen). Zuerst tat sie es aus Liebe, aber auf die Dauer wurde es ihr immer lästiger; schließlich kam sie sich nur noch wie ein Taxiunternehmen vor. Die Lösung des Problems war einfach: Ich zog in das äußerst verkehrsgünstige Hannover, und zwar mitten in die Innenstadt. Die U-Bahn ist gleich vor der Tür, zum Hauptbahnhof sind es 2 Stationen. Von dort aus bin ich in 1-3 Stunden in Frankfurt, Köln, Hamburg oder Berlin.

Ein Jahr nach der Trennung von meiner Landliebe verliebte ich mich in eine Amerikanerin. Bekanntlich kommen Amerikanerinnen schon mit dem Auto auf die Welt. Ein Leben ohne Auto ist dort fast undenkbar (so ja offenbar auch für Senta, die ebenfalls in den USA wohnt). Das Einkaufen im Supermarkt, die Fahrten in die Uni, die Besuche bei Freundinnen in Greater Boston – alles ohne Auto kaum machbar, zumal die Taxis sich auch nur gelegentlich in ihren Stadtteil Jamaica Plain verirren.

Ja was finge ich dort ohne meine autofahrende Freundin an? Vermutlich gar nichts, denn ohne sie bliebe ich in Hannover, wo ich alles, was ich zum Leben so brauche, im Umkreis von etwa 100 Metern vor meiner Haustür finde, sogar gleich dreifach: drei Buchhandlungen, drei Bäckereien, drei Apotheken und drei Bestattungsinstitute.

Als meine Partnerin einmal ein Sabbatical-Jahr in Hannover verbrachte, kaufte ich einen alten VW Polo für uns, für die vielen Ausflüge in die nähere und weitere Umgebung, die wir uns so gedacht hatten.

Was für ein entsetzlicher Umstand ist der Besitz eines Autos!! Nie wieder! Allein um das Schätzchen an- und abzumelden, verbrachten wir Stunden in einer harthörigen Behörde, die einfach nicht begreifen wollte, wozu eine Frau, die keinen Führerschein hat, ein Auto braucht. Das Parkhaus kostete jeden Monat 120 DM, Tendenz rapide steigend – damit hätten wir damals ziemlich oft ziemlich weit mit dem Taxi fahren können. Die Anschaffungskosten beliefen sich auf 8000 DM (verkauft habe ich es ein Jahr später für DM 2000) – davon hätten wir eine gemütliche Weltreise machen können. Benutzt haben wir das Ding nur selten – bei näherer Überlegung erwiesen sich fast immer Bahn, Taxi oder Straßenbahn als die praktischere Alternative.

Für Autos wird meist geworben mit dem Appell an unsere Sehnsucht nach Freiheit. Diese Sehnsucht danach, durch die Landschaft zu rasen, halte ich für einen Mythos. Sie wird von den Autoherstellern künstlich erzeugt und umgehend frustriert, denn wie ich soeben gezeigt habe, ist das Auto in erster Linie ein elender Klotz am Bein. Da es aber so viel kostet, das Volk also viel Entbehrungen dafür auf sich nimmt, darf der Frust nicht richtig wahrgenommen werden und wird auf Autobahn oder Landstraße überkompensiert, wobei das Auto als Mord- und Selbstmordinstrument besonders unserer männlichen Jugend voll zur Entfaltung kommt.

Und wie ist es mit dem Auto als Statussymbol? Auch da war ich wenig anfechtbar, hatte ich doch mit 28 Jahren den Doktortitel erstrampelt und war soweit mit meinem Status ganz zufrieden. Wenn ich den Titel auch öffentlich meist nicht so sichtbar vorführen konnte wie etwa einen dicken Mercedes, war ich doch innerlich beruhigt und fühlte mich weniger mickrig als vorher. Denn unsere akademischen Männer haben dafür gesorgt, daß in Deutschland ein Doktortitel schon was gilt, bei Frauen zwar höchstens halb soviel wie bei Männern, aber mir reichte das. Später kam noch der Professorinnentitel dazu, kleidsam durchaus auch für die Frau. Für solche Statussymbole bezahlen viele Männer mit dickem Auto bei Konsul Weyer und ähnlichen Titelhändlern so viel Geld wie für viele, viele dicke Autos.

Wie Sie sehen, setze ich also voll auf die sogenannten inneren Werte – in meiner Lage schon seit Mädchenbeinen die praktischste Lösung. Und wie unser Dichterfürst (der übrigens auch nicht Auto fahren konnte) schon sagte: »Wenn ihr's nicht erfühlt, ihr werdet's nicht erjagen.« Schon gar nicht mit dem Auto.

Mai 2001

Der Stall der Nonnen

Ende Januar 2003 waren Joey und ich eine Woche auf der schönen vulkanischen Atlantikinsel Madeira. Die Insel ist nicht ohne Reiz für Frauen, haben wir festgestellt. Da ist zum einen die »Chinesa«, ein espressoartiges Getränk – ähnlich wie der sächsische »Blümchenkaffee« benannt nach einem Bild auf dem Grund der Tasse. Die Chinesa ist nicht nur sehr wohlschmeckend, sondern auch der einzige uns bekannte nach einer Frau benannte Kaffee, und also schlürften wir sie bei jeder Gelegenheit.

Zum zweiten sind die madeirensischen Männer so erholsam! Im Schnitt sind sie mindestens einen Kopf kleiner als die Touristinnen aus Nordeuropa. Das gibt der Frau einen guten Überblick und ein ganz neues Lebensgefühl. Außerdem haben die kleinen Männer ungewohnt angenehme Umgangsformen: freundlich und hilfsbereit, aber zurückhaltend. Sie wahren gegenüber den Touristinnen eine wohltuende stolze Distanz.

Wir waren dort untergebracht, wo die meisten Deutschen landen, in Caniço de Baixo. Hotel direkt am Meer, fast *im* Meer fühlten wir uns. Zimmer mit Meeresblick und Halbpension. Der Fernseher funktionierte nicht, und so spielten wir jeden Abend »Odins Raben«, ein Geschenk meiner dem Feminismus noch fernstehenden Nichte, und tranken dazu reichlich Madeira.

Da die Aussicht so spektakulär war, hatte die Hotelleitung sich mit der Dekoration der Zimmer weiter keine Mühe gemacht: Über den Betten hingen zwei Bilder, das eine sah exakt aus wie das andere. An der Wand gegenüber dasselbe: Ein Blumenstrauß, gleich zweimal nebeneinander. Wie eigenwillig!

Das Hotel war von Kopf bis Fuß auf Rentnerinnen und Rentner eingestellt. Da man bei den Altchen nie weiß, waren die Matratzen vorsichtshalber mit Plastik-folien umgeben, die bei jeder Bewegung laut quietsch-ten. Befremdlich war auch, daß die Betten, wenn wir zueinanderstrebten, statt dessen auseinanderfuhren. Aber wir fanden bald das rechte Mittel gegen all diese Unbill: Noch ein Gläschen Madeira oder zwei – und schon wa-ren auch wir quietschvergnügt. Und dazu säuselte oder brüllte köstlich die ewige See.

Conny und Christoph, unsere madeirakundigen FreundInnen, hatten uns das »Tal der Nonnen« ans Herz gelegt – von einem bestimmten Punkt aus, genannt Eira do Serrado, hätte man einen spektakulären Blick 1100 Meter senkrecht hinunter in dieses Tal.

In ihrer Madeira-Führerin (Köln 2002, S. 104) schreibt Susanne Lipps:

> »Der Name ›Curral das Freiras‹ bedeutet ›Stall der Nonnen‹. Da dies nicht sehr fein klingt, ersannen Fremdenverkehrswerber die Bezeichnung ›Nonnen-tal‹. Gründerinnen des Ortes waren Nonnen des Kon-vents Santa Clara in Funchal [Hauptstadt Madeiras]. Wichtigster Landbesitz der einflußreichen Schwestern war das Gebiet von Curral das Freiras, das man wegen der damals dort betriebenen Weidewirtschaft Curral (Stall) nannte.«

Warum »Stall der Nonnen« »nicht sehr fein klingt«, er-läutert Susanne Lipps nicht weiter – es versteht sich an-scheinend von selbst. »Nonnenstall« – das erinnert an Kuhstall oder Hühnerstall.

So weit so schlecht. Und ich frage mich, hätte ein »Stall der Mönche« auch wegen Unfeinheit umbenannt werden müssen in »Tal der Mönche«?

Ich glaube kaum – was sollen Mönche auch in einem Stall! Absurde Vorstellung, auf die niemand so schnell käme. Daß bei den Nonnen eher an Insassinnen statt an

Besitzerinnen des Stalls gedacht werden kann, liegt an der Lage der Frau im allgemeinen und der von Nonnen im besonderen. Die Frau wird sowieso gern mit Tieren gleichgesetzt – wir werden bezeichnet als Gänse, Hühner, Ziegen, Kühe und was mann sonst noch gern so alles in Ställen zusammenpfercht. Ein Haufen Weiber auf einem Haufen – das erinnert doch sowieso stark an einen Hühnerhof. Und der Priester, ohne den Nonnen keine Nonnen sein können, ist der stolze Hahn dazu.

Als wir uns das alles vergegenwärtigt hatten, verzichteten wir auf einen Besuch des Nonnentals und begnügten uns mit dem klebrigen Kastanienlikör, den die Nonnen dort angeblich herstellen. Er klebt heute im Inneren meiner Kühlschranktür.

Der wahre Grund für unseren Verzicht waren aber die halsbrecherischen Serpentinen, die es zu überwinden galt, um zum Stall der Nonnen zu kommen. Bei der Besichtigung des Friedhofs von Caniço waren uns die zahllosen Gräber junger Burschen aufgefallen – wir nahmen an, daß sie mit jungmännlichem Ungestüm in die Abgründe gerast waren, die tückisch an jeder Straßenkurve der Insel lauern. Gingen wir also lieber gemächlich an einer rentnerinnenfreundlichen Levada (Wasserleitung) entlang. Wegen der Levada-Wanderwege »aller Schwierigkeitsgrade« waren wohl auch die meisten Deutschen auf die Insel gekommen. Manche der rüstigen RentnerInnen hatten in Hannover mit Rucksack und Wanderstiefeln das Flugzeug bestiegen und waren, kaum auf Madeira gelandet, süchtig ins nächstbeste Gebirge gestapft, während wir es uns auf der Hotelterrasse mit Madeira und Chinesas gutgehen ließen.

Gegen Ende unseres Aufenthaltes sagte Joey plötzlich zu mir: »Also irgendwie gibt es mir hier zu viele RentnerInnen.« »Wieso?« sagte ich. »Du bist doch auch im Ruhestand.« »Ja schon, aber trotzdem«, beharrte sie.

»Irgendwie sehe ich mich noch nicht als Rentnerin.«
»Das geht den anderen hier sicher ganz genauso«, sagte ich weise.

Zu Hause wiederholte sie ihren Eindruck vor Conny und Christoph, die Mitte Vierzig sind. Sie lachten laut und herzlich. Anscheinend hatten sie keinerlei Probleme damit, uns als Rentnerinnen zu sehen.

Februar 2003

Kinder und Hunde die Hälfte

Vorgestern fuhr ich mit der S-Bahn vom Flughafen zum Hauptbahnhof und dann mit der U-Bahn vom Hauptbahnhof nach Hause.

Am Flughafen stand eine Gruppe aufgeregter dunkelhäutiger Menschen um den Fahrkartenautomaten geschart; sie unterhielten sich in einer Sprache, die ich nicht verstand. Die Bahn fährt nur alle 30 Minuten, und ich hatte noch 3 Minuten Zeit, um meine eigene Karte zu orgeln. Ich fragte sie: »Can I help you?«, aber sie verstanden mich nicht. »Main Station?« fragte ich wieder. Einer schüttelte den Kopf und sagte: »Center! Sentrum!« Ich suchte auf der langen Liste der möglichen Ziele den Hauptbahnhof; da stand aber nur »Hbf« und daneben eine 100, die ich in den Automaten eingeben mußte. Ich suchte auch nach einer Gruppenkarte, schließlich war das ja eine ziemlich große Gruppe, sie konnten also erheblich sparen – aber ich fand das nicht auf die Schnelle. Tatsächlich kam ein Einzelfahrschein heraus, nachdem die verlangten 2,60 Euro in einem Schlitz verschwunden waren.

Ich zog mir dann auch noch eine solche Karte und

mußte die Gruppe leider mit ihren Problemen allein lassen, denn meine S-Bahn fuhr schon an.

Solche Automaten sind ja für Einheimische schon kompliziert genug – aber warum sie am Flughafen einen Automaten haben, der Begriffe wie »Center« »Centrum« oder so was hinter dem weithin unverständlichen Kürzel »Hbf« versteckt, bleibt mir unerfindlich.

Ich war nicht mehr dazu gekommen, meine Fahrkarte zu entwerten (früher gab es dafür einen Automaten mit der unheimlichen Aufschrift »Selbstentwertung«), wurde aber auch nicht erwischt und wollte mir nun eine neue, billigere Kurzstreckenkarte für die 2 Stationen vom Hbf zu meiner Straße holen. Am Automaten stand eine Frau, die hilflos auf die diversen Knöpfe und Schaltflächen und Erläuterungen starrte. »Mit Kind« sagte sie, »billiger. Aber hier nur mit Hund.« Sie zeigte auf einen viereckigen Knopf, auf dem ich einen Mann und einen Hund erkennen konnte. Ermäßigung nur für Hunde, aber nicht für Kinder? Das gibt's doch nicht, dachte ich. Aber ich fand auf der ganzen großen Fläche mit all ihren Knöpfen keinen Hinweis auf eine ermäßigte Karte für Kinder.

Während ich noch herumsuchte, hatte die Frau die Lösung des Rätsels gefunden: Zwei winzig kleine Zahlen über dem Bild des Mannes mit dem Hund: »6-14«. Offenbar sollte das kein Mann mit Hund sein, sondern ein Kind im Alter von 6-14, und für so ein Kind war genausoviel Fahrgeld zu zahlen wie für den daneben abgebildeten Hund.

Die Frau freute sich, daß sie nun ihre Fahrkarte ordnungsgemäß erwerben konnte, wenn sie seit dem letzten Mal auch schon wieder um 20 Cent teurer geworden war.

Ich fuhr nachdenklich nach Hause. Ist es richtig, für Kinder und Hunde denselben Preis zu verlangen? Gehören sie denn derselben Gruppe an? Kinder bis 6 kosten anscheinend gar nix, sie werden etwa wie Einkaufstüten eingeordnet, die ich kostenlos mitnehmen darf. Um das Gewicht oder Volumen scheint es aber nicht zu gehen, denn dann wären Hunde eher wie Einkaufstüten zu behandeln. Es geht wohl eher um Selbständigkeit. Hunde und Kinder ab 6 können schon halbwegs selbständig agieren, bedürfen aber noch der Aufsicht.

Früher las man, ganz in diesem Sinne, noch häufig: »Frauen, Kinder und Behinderte die Hälfte«. Oder wir fanden uns auch in der Gruppe »Frauen und Schwachsinnige«. Die Frauenbewegung hat uns da rausgeholt. Die Krüppel- und die Irrenbewegung haben ebenfalls erfolgreich für Emanzipation gekämpft. Fehlen jetzt noch die Kinder- und die Hundebewegung ...

Oder noch besser: Freie Fahrt für alle! Für weniger Verkehr und bessere Luft in den Städten, und damit die Welt hier wirklich zu Gast bei Freundinnen sein kann und nicht schon an deutschen Fahrkartenautomaten verzweifelt, kaum daß sie hier gelandet ist.

Juni 2006

Tierleben

Die Rote Falke und die Bundesadlerin

Keine Sorge, wir sind mit den »Kinderfreunden« (s. S. 23-26), die eine so lebhafte Debatte ausgelöst haben, noch nicht fertig. Jene Zuhörerin aus Linz, die mit dem männlichen Begriff »Kinderfreunde« nicht glücklich war, fand den Namen der zugehörigen Jugendorganisation – Rote Falken – genauso frauenvergessen.

Über Falkinnen hatte ich noch nicht viel nachgedacht, zuletzt sah ich eine auf der Adlerwarte Berlebeck. Auf dem Weg zu der Adlerwarte kamen wir an einem Adlergrill vorbei – Endstation für den Herrscher der Lüfte? Jedenfalls ein weiteres Beispiel dafür, daß manche bei der Namensfindung kein glückliches Händchen haben.

Inzwischen hat Fembio-Leserin Alison uns in ihrem Kommentar zu der Glosse »Gästinnen willkommen, auch mit Adlerin« ja über Falken im Englischen aufgeklärt. *Falcon* ist das Weibchen, das Männchen heißt *Tercel* oder *Tiercel*, zu Deutsch »Drittel«, weil es ein Drittel kleiner ist als die Falkin. Der starke und ultraschnelle Vogel, an den uns die Bezeichnung »Roter Falke« erinnern soll, ist also mit ziemlicher Sicherheit ein Weibchen, denn nach dem schwächeren »Drittel« wollte mann sich wohl kaum nennen.

Alison sagte auch, bei den Greifvögeln sei es ganz allgemein so, daß die Weibchen größer und stärker sind, im Durchschnitt etwa 30-50 %. Davon weiß allerdings fast niemand etwas, und das liegt zum einen an der fixen Idee, daß das Größere immer das Männliche ist, zum andern an der Sprache. Wenn *falcon* mit ›she‹ pronominalisiert wird oder ›aquila‹, lateinisch und italienisch für

Adler, ebenfalls feminin ist, fragen wir uns schon eher, woran das liegt, und forschen vielleicht mal nach – ob der »König der Lüfte« nicht in Wirklichkeit eine Königin ist. Und Forschen muß sein, denn die männlichen Experten halten mit diesen Tatsachen hinter dem Berge, sie verstecken sie eher schamhaft, als daß sie sie laut hinausposaunen. Aber unter www.kaiseradler.de können Sie sich gründlich aufklären. Einfach immer nach dem Wort »Weibchen« suchen, dann finden Sie für alle Adlerarten, vom stolzen Kaiseradler über den Steppenadler bis zum Steinadler den stereotypen Satz: »Die Weibchen sind größer als die Männchen« – bisweilen mehr als doppelt so groß.

Denn viel interessanter als die Falkin ist da ja tatsächlich die Adlerin – weil sie ironischerweise seit je männliche Herrschaft symbolisiert, vorzugsweise als Wappentier. Wir haben den Bundesadler, die österreichische Doppelmonarchie hatte ihren Doppeladler, der Weißkopfseeadler ist das Nationalsymbol der USA.

Unvorstellbar, daß das alles Adlerinnen sind. Und doch ist es so. Da sind also diese stolzen weiblichen Tiere immer als Männchen verkannt worden! Wir kennen das: Mann projiziert seine Größenideen in die Natur hinein, liest sie wieder heraus und präsentiert sie als naturwissenschaftliche Tatsachen. Da die Falkin das schnellste Tier der Welt ist (bis zu 300 km/h), ist sie männlich. Da die Adlerin der stärkste Vogel ist und am höchsten fliegt, ist sie männlich. Und wir alle glauben es unbesehen. Ich auch bis heute.

Aber an die Herrscherinnen der Lüfte kann ich mich schnell gewöhnen. Passen ja auch gut zusammen, die Bundeskanz- und die Bundesadlerin.

Um nun auf die Roten Falken zurückzukommen: Es sollte klargeworden sein, daß »der Falke« irreführend ist, da das Weibchen gemeint ist.

Wie wäre es mit »die Falke«? Und die Jungs, falls das Femininum ihnen wie üblich nicht zusagt, können wählen zwischen *Falkerich* und *Drittel*.

März 2007

Verzeichnis der Erstdrucke

Ist die Frauenbewegung tot? Zuerst veröffentlicht zum Internationalen Tag der Frau am 8. März 2002 im *Neuen Deutschland*, S. 14.

Menschenrechte für die Frau Auszug aus der Rede zur Verleihung des Barbara-Künkelin-Preises der Stadt Schorndorf an die Organisation »Terre des Femmes: Menschenrechte für die Frau« und ihre Gründerin, Ingrid Staehle. Gehalten am 10. März 2002 in der Stadthalle Schorndorf.

In alter Frische Zuerst veröffentlicht im Altern-Dossier der *Emma* (Heft März/April 2001). Der Text wurde von der *Emma*-Redaktion gekürzt. Hier lesen Sie das Original.

Hausfrau und Haustier Auszug aus dem gleichnamigen Vortrag zur Vernissage des Buchs *Von der Hausfrau zum Facility-Manager? Strategien zur Entdiskriminierung der Haus- und Familienarbeit* (hg. von Christof Arn und Doris Stump, Bern/Wettingen 2004) in Bern, Februar 2004. Weitere Auszüge des Vortrags erschienen im selben Jahr in der *Sächsischen Zeitung* und in *Frauen Unterwegs* (Magazin der Ev. Frauenhilfe in Deutschland).

Verzeichnis der Glossen